澤世仁醫

扁鵲

醫者之師 × 盧邑藥王 × 靈應侯，
鳴山煙雨醫道始傳人，
遍尋群山藥草濟蒼生

馬德青——著

相傳上古神醫可以透視五臟六腑、讓人起死回生？那叫望聞問切！

古代醫學都依靠迷信、透過巫術占卜來祈求健康？完全相反！

改革醫術不外傳的社會傳統，首開收徒授業之先；

打破民間對巫術、巫醫的盲目迷信，秉持實事求是的醫術與仁心

——他是被稱為千古醫宗的神醫秦越人，扁鵲！

目錄

目錄

第一章
盧邑少年醫家夢

扁鵲塑像（山東中醫藥大學立）

濟南黃河大橋

　　扁鵲，原名叫「秦越人」，是西元前四世紀中國偉大的醫學家。他出生在今天的山東省濟南市長清區歸德鎮盧城窪。在兩千多年前的春秋戰國時期，這裡屬於齊國的疆域，那時候叫做「盧邑」。在中國醫學史上，這座小城以誕生一位偉大的醫學家 —— 扁鵲而聞名。（關於扁鵲的籍貫，有一種說法是在河北任丘。但是，扁鵲的籍貫應該在齊國，即山東。西漢司馬遷在《史記・扁鵲倉公列傳》中記載，扁鵲是「勃海郡鄭人」，扁鵲在過虢時，也對虢國中庶子自言「臣齊勃海秦越人也，家在於鄭」，這裡的「勃海」是齊國的一個代稱，所以說扁鵲籍貫是齊國，即今天的山東，只是後來「家於鄭」。）

他的故鄉齊國盧邑，歷史源遠流長。西周初年，那位曾在河邊垂釣的姜子牙呂尚，因為輔佐周武王滅商有功，被封於營丘（今山東臨淄一帶），國號齊，史稱「姜齊」。於是，雄踞東方的大國 —— 齊國的歷史由此拉開了序幕。西元前六八五年，齊國國君齊襄公死後，齊國發生了內亂，在公子小白與公子糾爭奪君位的政治鬥爭中，高傒擁立公子小白登上了君位，即齊桓公，從此一顆政治新星在春秋舞臺上冉冉升起。齊桓公對高傒心存感激，就將盧邑之地賜與高傒。從此以後，盧邑開始書寫自己的歷史。

姜太公

盧邑，原為盧國，是春秋時期齊國一個重要的大城邑，位於今濟南市長清區西南十八公里處。盧邑占地面積近四萬平方公里，城郭堅固，人丁興旺。盧邑是個依山傍水的好地方，北臨波瀾壯闊的齊河，南與煙波浩渺的大清河比鄰，連綿起伏的丘陵環繞周邊。盧邑地處交通要道，春秋戰國時期的一些戰爭就發生在這裡。

長清扁鵲故里

　　兩千三百多年前，歷史正從春秋走進戰國。那是秦越人生活的年代，也是中國古代歷史上變革最激烈的時代。在紛紜的戰火中，大國吞併小國，次第逐鹿中原。而倖存的小國夾在大國之間，艱難地尋求生存。不過，那時仍有上千個諸侯國分布於神州大地上。

　　在這樣緊張的形勢之下，中國迎來了第一個思想大發展時期，湧現出許許多多傑出的人物。「田齊」時代，齊宣王

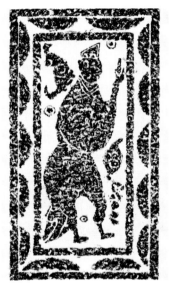

漢畫像石扁鵲畫像

以開放包容的精神廣納學士。當時赫赫有名的人物，比如鄒衍、田駢、慎到、環淵等人，齊聚齊國都城臨淄。文士雅集，學者薈萃，齊國成為戰國時代的學術重鎮與文化中心。鄒衍、田駢、慎到、環淵等人都學習黃老之術，他們的學術傳播促進了齊國醫學的發展。

其實，齊魯先民很早就掌握了許多先進的醫學知識。在《史記》中就記載著燕齊之地有方技的傳統，人們對生命的奧妙充滿好奇，不斷實驗研究延年益壽和長生不老的祕方。雖然長生不老的願望荒誕不經，但他們對延年益壽的嘗試和努力，客觀上推動了醫學的發展。齊魯大地自古良醫輩出，這與齊國對文化的推崇有密切的關係。清朝時，太醫院大堂後面建有先醫廟，紀念歷史上十位為醫學做過傑出貢獻的醫家，其中山東就有五位，他們是伊尹、秦越人、淳于意、王叔和、錢乙。齊魯醫學對中國傳統醫學的發展功勛卓著，是中國傳統醫學的一個重要組成部分。

歷史有它粗獷的一面，就像一把巨大的梳子，爬梳過的地方總有許許多多的年分被遺漏在梳齒之間。春秋戰國數百年間，存在過許許多多諸侯國，誕生了一代又一代國君和數不清的王孫貴冑，就算是他們的大事、要事，都未必能留跡於史家的簡冊之上，更何況秦越人區區一介醫士。他的事跡，只能在簡冊上隨著國君、貴族們的事跡留下一、兩個墨點。大史學家司馬遷在寫《史記》時，特地為秦越人立了傳，正是這些墨點，成為我們了解秦越人的寶貴資料。

　　西元前四世紀，秦越人誕生於盧邑城一個普通家庭。已經有兩個兒子的秦父，如今又得一子，高興得合不攏嘴。秦父對么兒寄予厚望，所以在孩子還沒降生前，就滿心歡喜地取好了名字。如果生得是男孩，就叫他「越人」，希望他能夠超越一般人，追求卓越，做一個平凡但不平庸的人。

　　秦越人的父母都是老實的鄉下人，日子過得並不太寬裕，一家五口全靠父親一個人養活。秦父雖然不識幾個字，但也明白「父母之愛子，則為之計深遠」的道理。他對三個孩子的未來寄予殷切的厚望，希望他們能出人頭地，光耀門楣。

　　秦父把培養孩子的大計排定日程。早在兒子們學說話時，他就從眼前取物，教他們識物，如這是什麼樹？這是什麼花？這是什麼石？這是什麼魚？……在父親的薰陶下，秦

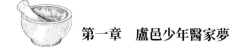

越人很快就掌握了辨識萬物的本領。秦越人在很小的年紀，就展現出極高的天分，但他對儒、墨、楊朱之學似乎並不太感興趣，反而對那些花花草草尤為痴迷，很注意留心觀察。無論什麼花鳥蟲魚，只要告訴他一遍，他就可以記住他們的名字。

戰國是一個「朝為田舍郎，暮登天子堂」的年代，「學而優則仕」是多少人夢寐以求的啊！齊國是當時天下的文化重地，國都臨淄成為多少讀書人朝聖的地方，學者薈萃、名士雅集，儒家、道家、墨家、法家等學派在齊國百花齊放。他們在齊國開壇授徒，傳播文化知識。很多年輕人紛紛放下鋤頭，走進學堂，就是為了一朝成功，出人頭地。老百姓心知肚明，知識可以改變命運！戰國時洛陽人蘇秦曾外出遊說，想要尋個一官半職，結果，花光了身上的錢財，還是一無所獲。全家都對他冷眼相待。後來，他發憤圖強，終於掛上六國的相印，成為翻手為雲，覆手為雨的外交家。蘇秦衣錦還鄉，他的家人「郊迎十里」。這怎能不令人激動？

秦父心想：「只有透過讀書、學習成為士人，才能謀得一官半職，成為人上人。」所以他下定決心，無論如何也要把兒子們送進村裡的私塾讀書。讓秦父欣慰的是，三個孩子都篤志好學，尤其是么兒秦越人過目成誦，學習成績優異，連老先生都說他是個可塑之才。街坊四鄰也都說，小越人將來一定能夠光耀門楣，說得秦父喜上眉梢。

扁鵲畫像

其實，秦父的本意不是要讓兒子成為醫生，但秦越人從小就對封官拜爵不感興趣，反而對醫藥行業始終保持濃厚的熱情。這跟他的家庭環境和所處的時代有很大的關係。

秦越人的母親身體羸弱，生下他以後就病倒了，這讓他幼小的心靈留下深深的傷痛。由於母親常年藥不離身，所以越人和兩個哥哥從小就浸染在藥香裡，久而久之便能叫出常見藥材的名字。每到草長鶯飛的時節，他們兄弟三人就到山間玩耍，近距離觀察藥草的特點。山間這片廣闊的天地，讓越人那顆求知的心，像一匹脫韁的野馬，得以縱情馳騁。秦父也沒有過於干涉兒子們的愛好，漸漸地，兄弟三人對藥草的知識日漸豐富。對醫藥知識的了解，使他們在同齡的孩子中，顯得特別老成和與眾不同。他們會帶著附近的小孩到山上玩耍，自豪地告訴他們哪些草能治病、什麼草是半夏、什麼花是千頭菊……。

歡樂的童年生活，使秦越人對濟南的山，以及山上的

花、草、蟲、石，都了然於心。只是他還沒有意識到，這片熟悉的山和山花藥草，對他的一生意味著什麼。

春秋戰國時期，戰亂頻繁，疾疫常發，很多鄉鄰飽受疾病的摧殘。在那個缺醫少藥的時代，秦越人深刻地體會到疾病為人們帶來的痛苦。他立志長大後要做一個能為百姓解除病痛的醫生。

其實，歷代都把醫藥行業當作「賤業」，把醫生跟算命先生、巫婆等歸於同類。醫生的社會地位相當低下。讓小越人感到困惑的是，醫學和巫術糾纏在一起。他在民間見到的醫生，都是會跳大神的巫師。難道醫生就是巫師嗎？他們之間有什麼分別？其實，春秋戰國時期的燕國、齊國一帶，就有濃厚的巫術傳統。即便到了秦漢時期，縱橫天下的秦始皇和深具雄才大略的漢武帝，都曾大規模地招方士入海求仙，而這些方士大多來自齊地。司馬遷在撰寫《史記》時，就說「燕齊多方士」。在上古時期，巫和醫是一體的。直到戰國初期，醫術仍沒有從巫術中徹底脫離。巫術就像幽靈般纏住醫學，那些會看病的醫生其實就是巫師，他們往往透過占卜，把病灶歸結於鬼神之事上。很多病人，原本患的都是小毛病，只要得到正確的治療，很快就會痊癒，結果卻硬是被巫醫們治死了。原本要「永濟群生」的行業，卻變成「殺人滅口」的行業，這不是莫大的諷刺嗎？小小的秦越人目睹了很

多巫醫誤醫病人而致其死亡的情景，這對他幼小的心靈造成很深的觸動。

秦越人多麼想改變這一切啊！他想當一位真正的醫生，用科學的方式幫助病人擺脫痛苦，把害人的巫術從醫學中清理出去。幾年後，他長大了，就跟父親坦白地說出自己的想法：「父親，我不想當什麼大官，我只想當個懸壺濟世的醫生，幫助病人擺脫病痛。」

秦父原本把希望寄託在兒子們的身上，沒想到三個兒子都想當被人瞧不起的醫生。醫生地位低下，他真為兒子的將來擔憂：「當醫生可不是那麼容易的事，把人治好了還好說，萬一治死了，豈不是會惹上麻煩嗎？」

看兒子眉頭緊鎖，秦父語重心長地勸告兒子：「醫生都養在官府裡當醫官，醫書也都在官府裡存放，你要跟誰學醫呢？去找個工作謀生養活自己，才是正道！」秦父說的話不是沒有道理，因為在他們生活的年代，醫生都是世襲的行業，醫學典籍都由官府壟斷，一般人想要當醫生，幾乎是不可能的。

可是，十幾歲的少年心裡是叛逆的，父親越是反對，他就越要去拂逆父親的意願。他總是趁著去學堂上學的時候，偷偷地到山上、田野間尋覓花花草草。然而，父親那不容置疑的態度，讓秦越人不得不低頭妥協。再加上家境艱難，他

也需要謀個差事，養家活口。越人只能按照父親的意願，到盧邑城一家旅館裡謀了個差事。就這樣，這個小小少年懸壺濟世的夢破滅了。秦家兄弟三人後來都成為當地有名的醫生，挽救了無數人的生命，深受百姓的愛戴和尊重。不過，這都是後話了。

第二章
恩師傳授行醫道

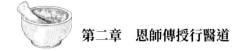

　　秦越人生活在戰國時期，可以說是很幸運的。春秋戰國時期，讀書人往來於各國之間，促進文化的交流和思想的繁榮。歷史上的田齊，因創建稷下學宮而聞名於世。齊威王為了吸引人才，給予人才優厚的待遇，加之創造了寬鬆的文化環境，使齊國一度成為戰國的文化中心。人員的頻繁流動，促進客館、旅舍的發展。在盧邑城最繁華的街道兩側，開著大大小小的商鋪、客館。負笈遊學的儒士、求仙問藥的方士、縱橫捭闔的策士、走街串巷的商販、行醫鄉里的醫生等，滿布街巷，盡顯這座城邑的繁榮。

　　西元前三八七年，家境貧寒的秦越人遵從父親的意願，在盧邑城一個貴族開設的旅館裡謀了一份管理員的差事。微薄的薪水足以讓他養家活口了。他一做就是十幾年，兢兢業業，任勞任怨，把旅館打理得風生水起。盧邑是齊國的大城邑，每天南來北往的商販雲集於此，文人雅士絡繹不絕。秦越人待人和善，事必躬親，在他的經營和管理下，旅館每天都絡繹不絕。

　　在秦越人的年代，旅館可是個高級場所。來來往往的人，有經商的，有求學的，秦越人小小年紀就接觸到三教九流各色人等，大開眼界。他從小就表現出有別於常人的機敏，尤其在經營旅館的十幾年間，更練就了他洞察人情的本領。

某天上午，秦越人站在櫃臺後面，心裡盤算著，等一下進來的會是什麼樣的人。

　　正思忖著，門外傳來踢踢踏踏的腳步聲。秦越人抬起頭，看見一個清瘦的老者，年紀大約六、七十歲，鬢邊已生華髮，身後站著一位二十歲上下的年輕人，穿著樸素，長得儀容端正，神采飛揚。兩人一前一後赫然出現在門口。老者佝僂著身子，卻鶴髮童顏，目光如炬。一身長袍雖然洗得發白、發皺，但仍掩飾不住仙風道骨的氣質。店裡的夥計們都沒有把這位老人放在眼裡，只有秦越人看得出這位老者絕非常人，十分恭謹地招待他。

　　一番攀談下來，秦越人知道此老者人稱「長桑君」，是在這一帶走街串巷，為鄉鄰治病的游醫。長桑君一生走南闖北、閱人無數，此時也看得出秦越人性格沉穩、為人謙和、彬彬有禮，不是等閒之輩，因此對這個後生特別喜愛。一老一少兩個人，惺惺相惜，可謂一見如故。所以，從這以後，長桑君雲遊行醫，每次經過盧邑，就到秦越人的旅館裡住宿，這一住就是十幾年。

　　人的一生中，會遇到形形色色的人，命運永遠不會告訴我們，誰會是生命裡的匆匆過客，誰又會是生命中的常客。而長桑君就這樣走進了秦越人的生命中。

　　長桑君身邊的年輕人是他的弟子，名叫姜戈。姜戈是邯

鄲人，自幼聰慧伶俐，鄉鄰沒有不誇讚他的。長桑君到邯鄲行醫時，看到這個小子才思敏捷，於是收他為徒，希望能傳承自己的衣缽。姜殳跟在長桑君身邊已經七年了。長桑君走到哪裡，就會把他帶到哪裡。姜殳跟著老師出診，耳濡目染，循序漸進地識藥辨物，總結了許多經典醫案，得到了長桑君的真傳。經過勤學苦練，姜殳小小年紀便顯露出過人的悟性，這讓長桑君很欣慰。得老師言傳身教的姜殳，讓自幼就渴望學醫的秦越人羨慕不已。

　　長桑君行醫從來不炫耀自己的身分和醫術，所以很多人都以為他就是個尋常的遊方醫生，只有聰穎的秦越人知道此人是個奇人。

《史記·扁鵲倉公列傳》書影

每次長桑君前來，小越人都會恭恭敬敬地貼心招待。有時候，會有附近的老百姓找上門來，請長桑君治病。秦越人就安靜地站在旁邊觀摩，看長桑君如何問診，用心學習長桑君的醫術。

　　有一年盛夏正午，悶熱的空氣籠罩著全城，熱得人們心裡發慌。毒辣的陽光炙烤著大地，似乎要將整座盧邑城融化了。長桑君帶著姜殳行醫回來。秦越人看長桑君臉上被太陽炙晒得紅通通，汗水也油膩膩地在臉上，就趕緊奉上一杯涼茶，也給姜殳遞了一杯水。長桑君趕緊接過茶水，剛遞到嘴邊，突然發現一位老婦人摔倒在旅館門口。長桑君放下水杯，起身去攙扶老婦人。姜殳眼疾手快，也急忙放下水杯，搶在師父之前把老婦人扶起來。秦越人也上前攙扶，把她背到客房的床榻上。豆大的汗珠從老婦人的額頭、臉頰上冒了出來，她感到胸口發悶，喘不過氣，就用手捂著胸口，一副呼吸困難的樣子，臉色也越發顯得蒼白。突然，一股強烈的噁心感竄上喉嚨，老婦人俯下身去嘔吐，卻什麼也吐不出來。反覆吐了幾次，原本就虛弱的身體越發有氣無力了。

　　在夏季中暑是司空見慣的事，更何況最近酷暑難耐，長桑君已經診治過很多中暑的病人了。長桑君猜她受了暑邪，就仔細觀察老婦人的臉色，又察看了病人的舌苔，確定是中暑無疑，點了幾味解暑的藥，吩咐姜殳煎好讓她服下，又轉

身請秦越人去端來一盆涼水。

　　秦越人看著長桑君幫老婦人診病胸有成竹，望診、斷病、開藥，一套診病的流程如同行雲流水，有如神助，心底由衷地敬佩長桑君。他照著長桑君的話，趕緊端來一大盆涼水。長桑君浸溼手帕幫婦人擦了擦臉，然後拿出砭石，在患者額頭上選擇了幾個穴位按摩。這時候，姜殳也煎好藥端了進來，待藥稍溫，長桑君吩咐他掰開婦人的嘴，把藥灌了進去。

　　片刻之後，婦人的臉色開始好轉，不像先前那麼蒼白了。待喝下藥後，婦人的症狀就消失了。臨走之前，長桑君又幫婦人開了幾服藥，囑咐她回家一定要照方煎服，調養好身體。

　　這件事在秦越人心裡留下了深刻的印象。他對長桑君肅然起敬，並且暗自思忖，要是能夠跟著長桑君學習醫術，那真是三生有幸啊！秦越人已經記不得這是長桑君第幾次在旅館裡幫病人診治了。耳濡目染之下，秦越人學到了很多醫學知識，他在心裡一遍遍揣摩著長桑君對病人的診斷，久而久之，就對陰陽、寒暑、溫涼等有了日漸清晰的了解，對醫學產生了越加濃厚的興趣。長桑君透過察看病人的氣色就能診斷疾病，這高超嫻熟的醫術，令秦越人欽佩不已。長桑君耐心救人的事跡，感動了秦越人，使他對醫學更加心嚮往之。

秦越人為人機敏聰慧，性情溫和，長桑君也打從心裡喜歡這個用心鑽研的年輕後輩。秦越人儘管沒有拜長桑君為師，倒也算得上是他的私淑弟子了。

　　春秋戰國時期，醫學已經達到相當成熟的高度，各國也出了不少醫術高超、馳名天下的醫生。秦越人很早就聽說過「病入膏肓」的故事。只是，他沒有系統學習過醫理，並不明白其中的道理。一個病人的病情發展到什麼程度，才能判斷他已經無力回天，這個問題困擾了他很長一段時間。有一天，他趁長桑君休息的時候，向他請教「病入膏肓」的問題。

　　對秦越人的這個提問，長桑君感到既驚訝又欣慰：「這個年輕的後生，沒有學過醫學，卻對病情有這麼深入的思考，前途無量。」不過，長桑君沒有直接回答他的問題，而是跟他講起病情的發展。一個人的病情，是由小到大、由輕到重，慢慢累積起來的。如果能在身體剛出現疾病徵兆時就重視，及時進行治療，那麼就能省時省力，甚至能徹底根除病灶。要是等到病灶開始出現擴散的跡象，身體出現小毛病的時候，趕緊治療，也還能治好；但是，如果放任病灶擴散而不管它，等到病情加重，甚至發展成絕症，那麼即便是天醫星下凡，恐怕也無濟於事了。病入膏肓，其實講得就是見微知著，及早預防病勢的惡化。

聽了長桑君一席話，秦越人茅塞頓開。他接著說出另一個疑惑：「有什麼辦法能夠遏制病勢的惡化呢？」

這個問題倒是難倒了見多識廣的長桑君。他告訴秦越人，中醫的醫道變化多端，一來疾病是千變萬化的，二來病人的身體特質也各不相同，任何一個良方，都不是放之四海而皆準的。如果用一種恆定的藥方，去治療所有的病人，無異於刻舟求劍。行醫之人必須綜合考慮寒暑、動靜、男女、內外等因素，來定醫療之方。變化存乎一心，不是一句話就能概括的。

聽了長桑君一席話，秦越人重重地點了點頭。他想，醫海無涯，自古「天道酬勤」，至於如何遏制疾病的惡化，那就只有透過博求天下醫方，潛心鑽研醫術，才能找到答案了。倘若能用有限的生命去精進醫術，救濟蒼生，大概就是最高的醫術了吧！

姜戍看得出來，長桑君似乎很器重秦越人，有心培養他，於是心生嫉妒。他們二人在性格上有天壤之別。姜戍為人靈活機巧，善解人意，老師說什麼話他都能馬上心領神會，而且也能做得很好。他跟著長桑君學醫整整十年，深得老師真傳，進步很多。而秦越人平素話不多，再加上沒有經過系統持續的醫學訓練，進步沒有姜戍明顯。姜戍常常挖苦秦越人，透過言語的刺激讓秦越人明白，秦越人根本不是那塊料。

有一天，長桑君出診，姜㐱看秦越人在翻弄他們炮製好的藥材，就走過去嘲笑秦越人，說他長得和傳說中的獬（一種神獸）差不多，說話的聲音又像喜鵲，先生教他什麼，他也學不會，待長桑君百年之後，像他這等資質的學徒，只配做自己的管家。秦越人明白，姜㐱想讓自己知難而退。

這樣的譏諷，秦越人已經不是第一次聽到了。聽了姜㐱的挖苦，秦越人既不生氣也不懼怕，反而更加從容。對於學習醫術，秦越人有自己的理解。姜㐱日夜侍立在側，的確學到了長桑君的真傳，但他卻覺得，先生教什麼就學什麼，鸚鵡學舌，並不叫有本事。面對形形色色的病人，和千變萬化的病情，舉一反三、見微知著，才是一個醫者應該學習的精神。況且，一個人的長相和聲音都是父母給的，只要自己喜歡，又何懼他人的言辭呢？

姜㐱看到秦越人愚笨、呆傻的模樣，更加覺得他好笑，認為他不是學醫的材料。長桑君巡診回來以後，姜㐱就把秦越人的表現轉告老師。長桑君也一笑置之。

經過十年的磨練，姜㐱已經二十三歲了，長桑君覺得姜㐱醫術有了很大的進步，完成了學業，能夠開門立戶了。可是，姜㐱是自己帶出來的第一個弟子，對他能否平安順利地行醫，長桑君卻沒有十足的把握，內心忐忑不安。在讓姜㐱獨立行醫之前，長桑君把秦越人叫到身邊，想聽聽他的看

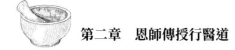

法。長桑君坐在几案旁，捻著稀疏的鬍鬚，眼睛盯著秦越人。

秦越人看出老師眼神中閃過的一絲憂慮。秦越人思之再三，還是將最真實的想法毫無保留地告訴了長桑君。他認為，姜戈雖然為人機巧，行事敏速，但是稍顯輕浮，不夠沉穩。這既是他行事的問題，也是他性格的弱點。以這樣的性格去行醫，一開始能夠平安無事，但不久之後，就會招惹災禍，最後恐怕會身陷囹圄。

長桑君看了看秦越人，心想：「他小小年紀，看人未必準確。姜戈跟著我學醫十年，機巧聰明，從來沒有出過差錯，是個可塑之才。再說，他不能永遠跟著我，早晚都要獨立行醫的。」經過一夜的天人交戰，長桑君內心的天平還是傾向姜戈這一邊，最終決定讓姜戈獨自雲游四海，懸壺濟世。

第二天清晨，師徒在盧邑城門話別。長桑君緊緊握著姜戈的手，千言萬語一時不知從何說起。俗話說得好：「藥是紙包方，又是紙包槍。」長桑君叮囑姜戈，行醫不同於其他行業，以醫為業之人，必須小心謹慎，才能免遭禍事。對待病人要有悲憫之心，診斷病情時務必慎之又慎。面對病人，無論是輕微傷患，還是重症患者，都要像頭上頂著一碗水站在城牆上行走一樣，必須一步一腳印，穩紮穩打，全神貫注，謹慎從事，不急不躁，這樣碗裡的水才不會灑出來。

話裡話外都是對弟子的擔憂，眼神裡又滿是長輩對晚輩的關切。

這番語重心長的叮囑並沒有讓姜殳開悟，反而進入秦越人的心裡，使其頓有幽室見日之感。這讓秦越人在幾十年的行醫生涯中獲益匪淺。秦越人始終謹記長桑君的諄諄教誨，從不敢有浮躁的念頭。

畢竟師恩深似海，姜殳雙膝一屈，跪下向老師行了一個大禮，拜謝老師的教誨之恩，然後收拾好自己的行囊，眼含熱淚，走進了熙來攘往的人潮中。這大概是長桑君給弟子上的最後一課了，其他的東西就需要他自己在行醫過程中去學習、體會了。

歲月如梭，時光飛逝。姜殳在外行醫三年，果然像秦越人所預言的那樣，起初諸事順遂，到最後卻落得個身陷圇圇的下場。原來，他一開始幫人們治病的時候，還能記得老師長桑君的告誡，手到病除。漸漸地累積了一些聲名，來請他看病的人越來越多，有些地方上的大官也慕名前來。暴得大名後，他開始驕傲。當名利撲面而來的時候，姜殳被衝擊得暈頭轉向，越到最後，他越發膨脹，幫人看病時自以為醫術了得，就漫不經心，投機取巧，不再像從前那樣細緻、認真了。結果誤診病人，害了一條人命。他也因此淪為階下囚。

姜殳的遭遇讓長桑君痛心疾首，不過他也更深刻地思考

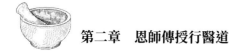

學醫之人應有的品德。醫學說到底是一項「活人之術」，因此行醫也就不同於其他行業，如果醫方傳到了心術不正的人手中，那麼，再好的醫方也會成為索命的毒藥。

姜受入獄後，長桑君日漸蒼老。從他第一次住進秦越人的旅館，已有十年了。孔子云：「逝者如斯夫，不舍晝夜。」果然不虛。長桑君上了年紀，感到精力大不如前，近來抬眼視物也日漸疲憊，稀疏的白髮時刻提醒著他來日無多，該好好思考後事了。他的弟子姜受，機敏有餘而穩健不足，行醫之路已經停止。長桑君希望在百年之後，自己一生累積的醫學知識和經驗，能夠有人傳承下去，用來救治更多的人。這個人不僅要有耐心、智慧和勇氣，還要有悲天憫人的情懷。想到這裡，他內心不禁湧動著一股熱流。

其實，這些年來，長桑君一直在暗中觀察秦越人。他在閒坐的時候常想：一個青春少年，能夠將最美好的十年光景，放在一件單調的工作上，此人一定是一個極其有耐心、做事一絲不苟的人。就像一顆石子沉入水中，水深而靜，水下的暗流不停地打磨著石子的稜角，而石子只靜默不語，來日即可修成正果，變得圓潤而光滑。秦越人不正是這顆落入水中的石子嗎？經過長達十年的觀察，長桑君發現秦越人聰敏穎慧，好學專注，性情溫和，不貪私利，確實是繼承自己醫術的最合適人選。《素問》中有一句話，說的是行醫的人

擇徒而教是極其重要的，如果遇到鍾情岐黃的可造之才，老師卻不教授於他，這是老師的失誤；但是，如果所授非人，也是對醫學的褻瀆。

《素問》書影

在秦越人出現以前的漫長歲月裡，所有的醫生都是官醫。醫師是國家的眾醫之長，他負責將國中不同的病人分配給不同的醫生治療。到年底的時候，這些醫生還要將老百姓的病情寫成報告，匯報給自己國家的醫師。

長桑君就是齊國的一個宮廷御醫，他恰好負責盧邑一帶，為這裡的百姓排憂療疾。而盧邑又地處交通樞紐的位

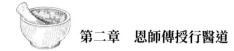

置，所以，長桑君因為公務，經常會經過秦越人開的旅館，也就自然地入住其中。正如秦越人初見長桑君時所預料的那樣，長桑君並不是常人。

先秦時期，醫學知識和書籍主要保存在列國官府中，一般人可以說跟醫學是絕緣的，想要從醫簡直比登天還難。然而，正是由於職業的關係，長桑君手裡掌握著大量的「禁方書」，也就是宮廷醫方。但是，按照古時規定，宮廷醫方是不允許外洩的，因為上面記錄著宮廷的最高機密。

長桑君在外游醫這幾十年，深深感受到民間疾病多，但醫生少。缺醫、少藥，很多百姓因為找不到醫生救治而延誤了病情，有的甚至賠上了性命。當年他把姜癸帶在身邊，目的也是多培養一位醫生。如今，他陷入了深深的矛盾：依照職業道德，他應該永遠私守這些「禁方書」；但是，如果想救濟天下蒼生，那他應該將這些「禁方書」和他畢生所學知識、所累經驗，毫無保留地傳授出去。可是，如果讓人知道，他將「禁方書」洩漏出去了，恐怕會遭橫禍啊！

夏末的一天，當夜幕蒙上了這座小城的時候，旅館也褪去了白天的熱鬧與忙碌，一切都變得安靜下來。窗外，雨淅淅瀝瀝地下著。秦越人正準備關門時，長桑君出診歸來，他摘下斗笠甩了甩上面的雨水，順手將斗笠立在門後，走進來坐在桌子旁。

長桑君想：「就在今天把事情交代了吧！」他招呼秦越人過來一起坐，越人聞聲坐了過來。長桑君說：「我年紀大了，想把一生所學傳授於你。學醫是很辛苦的，這些年你也跟著我學到了不少東西。你先到山上去採藥，一年以後我再來找你。」說完就把採藥的工具和藥樣交給秦越人。住了一宿後，長桑君沒有跟秦越人打招呼，就悄悄離去了。

　　第二天一大早，秦越人就扛上藥鋤、背上藥簍出發了。他每天登山涉谷，在山花野草間尋覓。秦越人折了一根樹枝，一邊在山上開路，一邊用樹枝抽動腳下的雜草，以免毒蛇襲擊。他比照著藥樣，每採集到一種藥草，就摘下來嗅氣味，然後放到嘴裡嚼一嚼，品嚐它的味道。他踏遍了藥山的山石溝壑，也識遍了那裡生長著的各種藥材。一年的時間很快就過去了。某天傍晚，秦越人回到旅館，看到老師長桑君已經坐在旅館裡等他了。

　　看到秦越人藥簍裡採的草藥，長桑君欣慰地笑了。原來他請秦越人去採藥是大有深意。在採擷草藥的過程中，秦越人不知不覺地就辨識了常見的藥物形態，體察了藥物的藥性，同時，也親身感受到了行醫的艱苦。雖然秦越人有了對草藥的了解，也觀摩過長桑君診病的場景，了解一些簡單的治病方法，然而，「紙上得來終覺淺，絕知此事要躬行」，秦越人還缺乏實踐。於是，長桑君請他再到附近走街串巷，

幫老百姓診脈、治病。他們約定好，等秦越人治滿了五千例
病人後，再回來相見。

唐詩《藥》

　　於是，秦越人又開始了艱苦的行醫生活。他到周邊巡
診，幫人開藥的時候，人們都不信任他。《禮記》中早就記
載過，「醫不三世，不服其藥」，就是說醫者只有出身世家，
幼承庭訓，飽讀醫籍，這樣代代相傳，才能精通醫理，那麼
開出的藥才能讓人放心。秦越人年紀輕輕，又不是出身世
家，人們怎麼會相信他的醫術呢？他初出茅廬，意氣風發，
沒想到初試鋒芒，就被人們質疑的目光殺得片甲不留。秦越

人原本一片熱誠，自覺跟著師父學習醫術，怎麼問診、怎麼診脈，他都一一記在心裡。閒暇時他也看了一些醫典，對醫道略通一二。沒想到，第一次出診就著實讓他洩氣，他開始懷疑自己是不是當醫生的材料，甚至想放棄。可是轉念一想，以後的路長著呢！遇人質疑，就半途而廢，這怎麼對得起長桑君的提攜和栽培呢？

　　想到這裡，秦越人又重整信心，勇敢地面對人們的質疑，苦口婆心地勸說病人和家屬。誰知，大家寧願忍受病痛的折磨，也不願意給他一個機會。秦越人決定「背水一戰」，他熬好了藥，自己先喝了一碗。病人見他喝了藥湯後毫髮無損，這才一個接著一個，都跟著喝了起來。幾天後，病人的病真就好了。

　　初試啼聲，增添了秦越人不少的信心。他挨村挨戶地巡診，每接觸到一種病例，都會認真地察看病人的臉色和五官，聽病人發出的各種聲音，比如呼吸聲、說話聲和咳嗽聲等，還會仔細聞病人身上和嘴裡的味道，詢問病人的發病過程、各種感受、生活習慣和過往病史，摸病人的寒熱部位，綜合考量病人各方面的症狀，然後認真診斷病情，再把醫案、心得都記下來。等到要幫病人複診的時候，他再耐心詢問病人用藥前後有什麼變化、出血化膿的情況、疼痛有沒有減輕等。不知不覺間，他就記下了大量的病例和醫案。透過

對五千例病人的診治，秦越人的足跡踏遍了方圓百里的村落，對什麼病要用什麼藥基本上了然於胸。

完成了老師交代的任務後，秦越人就直奔旅館，想跟老師分享他的快樂。到了旅館，他發現長桑君病倒了，正躺在榻上。他二話不說，放下藥箱和行李，就幫老師熬藥、餵藥，悉心照顧了一夜。

第二天黎明時分，長桑君的病情總算穩定了。長桑君從認識秦越人開始，就目睹了他的成長和進步。他上山採藥一年，這對他辨識草藥有很大的幫助，而且還讓他在採藥的風餐露宿中，鍛鍊堅韌的意志力。他還診治了幾千個病人，增加了閱歷，能夠掌握病人的脾氣、秉性和病情診斷的關係。醫者最講究「仁心」，自己病了這一場，秦越人侍奉在側，悉心照顧，看得出來，他對病人就像對待自己的家人、朋友一樣細心。長桑君對秦越人很欣賞，堅信秦越人就是繼承自己衣缽的不二人選。如今自己年紀大了，打算將珍貴的醫方傳授給秦越人，讓秦越人努力鑽研醫術，救濟蒼生。

扁鵲採藥

長桑君打開隨身攜帶的包袱，裡面包著一大捆竹簡，他示意秦越人把門關上，似乎有些話要對他說。秦越人關好門，轉身來到長桑君的床榻前，長桑君謹慎地將一捆竹簡交到秦越人手裡。原本，這是長桑君祕藏的醫方，還有他一生行醫診治各種病症而整理出的醫案。秦越人不禁大驚，按照規定，祕藏的醫方是不能公開傳授的，一旦洩漏出去，將會招致殺身之禍。這一點長桑君怎麼可能不知呢？但為了秦越人和醫學的傳承，長桑君下定決心涉險一搏。

成都老官漢墓出土醫簡

　　秦越人誠惶誠恐地捧著那些沉重的竹簡，他怎麼也沒想到長桑君會將這麼珍貴的「禁方書」傳給自己。他抬頭看向長桑君，見他蒼老的眼睛裡分明寫滿了堅定和信任。從這一

扁鵲拜師

天開始，秦越人的命運發生了根本性的轉折。那個追隨長桑君十年的姜癹，沒能傳承老師衣缽，而他卻成為長桑君的弟子，將以一個醫者的身分，走向四方。接著，長桑君從懷中取出一個小藥瓶，將他採集奇珍製成的藥，交到秦越人手上。交代完畢生最重要的事後，長桑君緊鎖的眉頭緩緩舒展，眼底閃爍著希望的光輝。

　　長桑君對秦越人而言，亦師亦友，兩人心意相通。長桑君的深意，秦越人又何嘗不知呢？

　　當今醫生多為官醫，是為貴族服務的，但是疾病卻不分貴賤。如今，民間缺少良醫，百姓生了疾病卻得不到救治，只能向巫醫求助。長桑君行醫一生，對這種現狀十分憂慮，只是他年事已高，希望秦越人能繼承他的醫術，改變這種現狀。

秦越人從盧邑城小旅館裡的苦悶少年，成為一位懸壺濟世、深受人們愛戴的醫者，命運發生了戲劇性的變化。十年前，他的父親出於功利的追求，固執地澆滅了他的理想之火。如今，長桑君成為他的引路人，將他領進另一個天地，將他心中那團救濟蒼生的火苗重新燒了起來。從此，秦越人的腳下是另一條光明的道路，這是誰都沒有想到的。

　　長桑君推門而去，只留下一個漸行漸遠的背影。從此以後，秦越人就再也沒有見過他。城裡的人大多受過長桑君的恩澤。有人說長桑君是神仙，服下靈丹妙藥羽化登仙了。只有秦越人心知肚明：長桑君將祕藏的宮廷禁方傳授給他，為了避免官府追責，只能飄然而去，隱逸江湖。

　　長桑君的心願是希望民間能有更多的良醫，秦越人一刻也不敢忘記，可是僅憑他一人，如何能拯救天下蒼生呢？在當時的社會環境中，醫術傳承還是祕密進行的。但是到了秦越人這裡，他大膽革新，公開傳授弟子。他的第一代弟子有子同、子明、子游、子儀、子越等。在行醫過程中，這些弟子常伴秦越人左右，不僅成為他行醫的得力助手，「子同搗藥、子明炙陽、子游按摩、子儀反神、子越扶形」，而且傳承了長桑君和秦越人的醫術，對於光大中華醫學做出了重大的貢獻。

　　秦越人一生到底收了多少徒弟，我們已經很難知曉了。

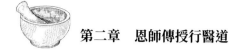

但是中醫帶徒是從秦越人開始，這是毋庸置疑的。在秦越人公開收徒以前的漫長歲月裡，醫生都是官醫，醫學是專門的學問，跟百工（工匠）一樣，都是父子之間衣缽相傳。假如父親是個醫生，那麼兒子要子承父業，也以醫生為職業；如果父親是個泥瓦匠，那麼兒子注定要接父親的飯碗，也當個泥瓦匠。長桑君將一身醫術傳授給秦越人，還是祕密進行的；而秦越人帶徒行醫，卻是廣為人知的。

當初，秦越人親口承諾，不將老師長桑君的醫方外洩，如今他卻違背了諾言。戰國時期，士君子非常注重承諾，有的甚至為了踐行承諾，蹈義而死，在所不惜。在那樣的社會環境中，違背承諾是一件可恥的事情。究竟是什麼讓秦越人敢「冒天下之大不韙」呢？

春秋戰國時期，諸子百家都很重視「道」。儒家創始人孔子就曾說過：「朝聞道，夕死可矣。」道，是萬物的本源。對於醫學行業來講，懸壺濟世、拯救蒼生就是人間正道。身為醫生，如果不能盡全力拯救蒼生，只顧個人名譽，才是真正的背離大道。秦越人是個通達之人，他知道將醫術傳承下去，比恪守諾言、固守自己的名譽要重要得多。

秦越人帶徒行醫，是中醫學史上第一個開宗立派的人，於國、於民、於他自己，都不能不說是一個創舉。秦越人和孔子生活在同個時代，孔子開壇授徒，有教無類；秦越人亦

開壇授徒，有「醫」無類。在秦越人生活的年代，先秦醫學已經獲得長足的發展，在民間走街串巷行醫的人多了起來。

民間流傳，秦越人是因為得到神仙高人的指點，喝了用無根的上池水煎服的神藥，雙眼有了透視功能，能看見病人的五臟六腑，所以不管病情多重的人，只要經過他的診治，沒有治不好的。在一代又一代的口耳相傳中，秦越人變成一個神乎其神的醫生，人們送給他一個「神醫」的稱號。但其實，秦越人只是將老師的重託銘記於心，刻苦專注地學習醫術。他一邊管理旅館，一邊鑽研老師留給他的醫方和醫書、醫案。他一章章地背誦、揣摩，精研其意，深究其理，思考著傳統脈診的改進之法，開始了漫長的行醫生涯。

秦越人用學到的醫術幫周邊的老百姓治病，慢慢地在當地有了名氣。可是他發現，很多病還沒有太好的草藥可以醫治。因此他決定一邊行醫，一邊去山上採藥。至今，在他的家鄉濟南的藥山、鵲山等地方，仍留存著兩千多年前他採藥、煉藥的遺跡。

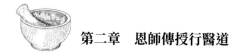 第二章　恩師傳授行醫道

第三章
針灸切脈澤後世

濟南城北有拔地而起的九座小山，自東向西分別是臥牛山、華不注山、鳳凰山、鵲山、標山、北馬鞍山、藥山、粟山和匡山。九座山排列在古濟水兩岸，雲霧繚繞。遠遠望去，浮嵐滴翠，真有煙籠霧鎖的神幻之感。

　　唐代詩人李賀在〈夢天〉中說：「遙望齊州九點煙，一泓海水杯中瀉。」這首詩原本是感嘆，倘若從天上俯瞰中國神州大地上的九州，它們不再遼闊壯觀，而是小得就像九點煙塵，那浩瀚的海洋也如同一泓清水，傾瀉到握在手裡的杯中。巧合的是，濟南古稱齊州，李賀的詩倒像是特地為濟南城北的九座山頭量身打造的一般。於是，人們就用李賀詩中的「齊煙九點」來形容濟南城北的九點煙景了。

齊煙九點坊

到了清道光二十五年（一八四五），歷城縣令葉圭書還特地在千佛山上主持建造了齊煙九點坊，牌坊前刻有「齊煙九點」四個大字，後面刻有「仰觀俯察」四個字。站在齊煙九點坊，能夠「仰觀宇宙之大，俯察品類之盛」，齊煙九點的風姿亦能盡收眼底。古時候還沒有高堂廣廈，站在千佛山上一下子便能目極四野，一切的城郭、田舍，都在一馬平川之中緩緩地鋪展，齊煙九點遙相呼應，構成了環形的巨幅山水畫，平鋪眼底，給濟南城塗抹上一層浪漫色彩。如今，拔地而起的一幢幢廣廈，就像一把把裁紙刀，將齊煙九點的整體美割裂成碎片，即便站在齊煙九點坊也看不到古時候的畫卷了。想俯瞰齊煙九點的魅力，恐怕只能更上一層樓了。

　　其實，藥山也是欣賞「齊煙九點」的絕佳地方。

　　藥山與鵲山相去不遠，隔黃河佇立，兩山相望。藥山，是濟南風景名勝「齊煙九點」的其中一「點」，又叫「齊山」、「雲山」或「盧山」，它北依滔滔黃河，南與北馬鞍山相顧，東連濟南城區，西為平疇沃野，東北邊就是鵲山。站在黃河邊眺望藥山，九座山色如青黛，宛如九朵盛放的蓮花，因此藥山又叫「九頂蓮花山」。

藥山公園

　　藥山怪石嶙峋，海拔只有一百二十五公尺，山勢低，坡度比較緩，與眾多名山相比，籍籍無名。然而，這座原本稀鬆平常的小山，卻因為留下了「神醫」秦越人的足跡而名動神州，從無數名山大川中脫穎而出。

　　藥山盛產藥材，又是「神醫」秦越人採藥濟民的地方，在老百姓的眼中，這座小山就與救死扶傷有了關聯。相傳，附近的村民凡是有罹患疾病的，都會來藥山上焚香祭拜，祈求身體健康、闔家老少平平安安。

　　藥山在濟南還流傳著一個美麗的傳說。

　　相傳，在很久以前，濟南的北郊還是一片可以縱馬疾馳的廣闊平地。原本天上只有一個太陽，每天從東方升起，從

西山落下，晝夜交替，一年四季寒來暑往，農作物春生、夏長、秋收、冬藏，一切都不緊不慢、有條不紊地進行著，人們過著平和、喜樂的生活。突然有一天，天上多出十一個太陽，為禍人間。它們每天張著大口，將無煙的大火傾瀉到人間，熱騰騰地燃燒著。好端端的人間變成了一個大火爐，大地被烤焦；莊稼被晒死；江、河、湖、海也都乾涸了，黎民蒼生都沒有活路。人間儼然成為一個地獄，老百姓的哭喊聲、哀號聲傳到了天上，被正在上朝的玉皇大帝聽到了。玉皇大帝聽說老百姓們正遭受著流火炙烤之苦，心生悲憫。為了讓人類能繁衍下去，就派武藝高強的二郎神去捉拿那些禍害人間的太陽。

二郎神奉玉皇大帝之命來到人間，他健步如飛，如同離弦的箭般追趕太陽。二郎神力大無比，用扁擔挑著十一座大山追趕太陽，每追上一個太陽，就用扁擔裡的一座大山將它壓住。他走過千溝萬壑，翻越崇山峻嶺，走了好幾千里，終於，天上只剩下三個太陽了，眼看就要大功告成了！

這一天，二郎神挑著兩座大山來到濟南北郊，連日來馬不停蹄地追趕，讓他感到疲憊不堪，又累又渴，就放下擔子坐在路邊小憩。沒想到，那兩座大山竟然像春天的麥種一樣，一落地就生了根，且開始急速生長。這可把二郎神給急壞了，他趕緊站起身想把大山搬起來，但大山已經扎了根，

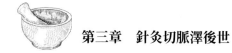

任憑他用盡全身力氣也搬不起來。他著急地圍著兩座大山來回轉圈，大汗淋淋。要是再想不出辦法來，濟南的老百姓就算不被太陽烤死，也會無家可歸了。這該如何是好呢？

天上的太上老君看到人間發生的這一幕，擔心兩座大山如果就這樣無限地生長下去，遲早有一天會壓住山明水秀的濟南城，那樣一來，人間就少了一處美景，老百姓也無處安家了。他向玉皇大帝稟報了這個情況，說了自己的想法。玉皇大帝批准後，太上老君就從自己的煉丹爐裡抓了兩把丹藥，圍著兩座大山撒下去。沒過多久，太上老君撒下的丹藥就在山上生根、發芽，數百種草藥遍及山野，有半夏、柴胡、生地、千頭菊等。從此以後，大山再也沒有增高。這就是藥山盛產藥材的緣故。

當然，濟南城北的山不是二郎神挑來的，山上的藥草也不是太上老君種下的，不過，這些美麗的傳說卻讓人們對藥山多了一份遐想。藥山雖小，但風景秀麗。它的西側有一個洋涓村，附近有洋涓湖，每逢盛夏時節，湖水清澈，蓮花怒放。生活在金元之際的元好問，一生三次來到濟南，對濟南的好山好水有著深厚的情感，他在〈藥山道中〉寫道：「石岸人家玉一灣，樹林水鳥靜中閒。此中未是無佳句，只欠詩人一往還。」在元好問的筆下，這裡湖山相映，鳥鳴林幽。藥山不是缺少美麗，而是缺少詩人的發現。

兩千多年前，在這個美麗的山頭，秦越人用腳步踩出了中國醫學發展的大道，用汗水澆灌著山上的花草。藥山離秦越人的家鄉不足百里，他少年時期曾經跟兩個哥哥到過這裡。那時，他們看花是花，看草是草。成年以後，在老師長桑君的指導下，他又到這裡採過藥。長桑君走後，當他再次來到這裡，心境變得跟以前大不相同。

　　盛夏時節，草木像往年一樣蔥蘢。秦越人的心忽然變得開闊，心底升騰起一種異樣的感受。或許是成為醫生的使命感，讓他對藥山有了更深刻的認知。

　　藥簍已經將他的脊背壓出深深的印痕。這是常年上山採藥造成的。秦越人不是等閒之輩，藥山也不是等閒之山。藥山的海拔雖然不太高，但是山上怪石嶙峋，奇嶂突兀，石間松柏滴翠。

登藥山必經山洞

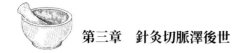

對一心採藥的秦越人來說，這可不是美景，而是難關。藥山上怪石疊踞，根本沒有現成的山道可走。然而，一些珍貴的草藥往往就生長在石隙中。一整天下來，秦越人不知道要走多少山路。為了採到險要處的一些藥草，他經常失足跌落山下，膝蓋、手臂都磨破了。

上次，子越登山時，不小心被折斷的樹枝戳傷，傷口很深，血像泉眼般汩汩地直往外流，痛得子越鼻翼上都滲出汗珠來，不停地呻吟。秦越人隨手從旁邊選了一把草藥，挖出它的根莖，放進嘴裡嚼成糊狀，然後吐出藥漿敷在子越的傷口上，又從口袋裡拿出一塊洗淨的布條包紮傷口，不一會兒血就止住了，疼痛也減輕了許多。秦越人藉這次機會，向弟子展示草藥地黃的止血功效。

春秋戰國時期，還沒有像今日的醫藥大學之類的醫學院校，也沒有專門的藥鋪，醫者的藥物辨識和臨床經驗要麼來自家學，要麼就來自廣闊的大自然。秦越人並非出身醫學世家，他跟隨長桑君學醫的時間並不長，他的大部分藥物知識都是從大自然和社會實踐中得來的。

西元前三六二年，秦越人帶著弟子們，幾乎踏遍了藥山的每一處角落。山上萬木蔥蘢，有木槿，有槐樹，還有松柏、臭椿等，密密匝匝，濃蔭蔽日。很多野草在樹林或石縫中自由地生長著。秦越人發現這裡簡直就是野生藥材的家

園，隨處可見半夏、遠志、茵陳、柴胡、生地、地黃、千頭菊等各種藥材。

藥山上的藥葫蘆

　　秦越人冒著生命危險，將採摘的野草枝蔓一個一個放到嘴裡，細細品嚐它們的味道，是甘平還是苦澀。什麼花草能治什麼病，他都用心揣摩。弟子們也學他的樣子品嚐藥草，有一次，子陽嚐過一種藥草的葉子後，就把花朵扔掉了。秦越人看在眼裡，什麼也沒說，只是順手撿了起來，將它的葉子、花朵、果實、莖稈、鬚根等，都一一放進嘴裡品嚐。常言道：「潤物無聲，大教無言。」秦越人常用這樣的方式，

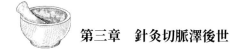

讓弟子們明白嚐藥草時一定要很仔細才行，只有這樣，才能辨識出百草的性能。

有一次，秦越人嚐了一種野草後，嘔吐不止。弟子們一個個提心吊膽，也不明白老師何苦要這樣為難自己，於是你一言我一語地勸阻老師。秦越人不為所動，用袖子擦拭了濺在嘴角的野草汁液。他始終堅持自己採藥、嚐藥。病人們缺的不光是好醫生，還有藥材。如果沒有藥材，醫生的醫術再高明，也救不了病人。如果不去「以身試法」，又如何能知道這些藥草的藥性呢？

正由於秦越人親自嚐藥，他才知道這種叫「半夏」的藥草具有催吐的功能。五月生的半夏，對咳喘、化痰有奇效。弟子們也學秦越人的樣子，摘下一點半夏放進嘴裡品嚐。

採摘了一天後，他們每人都背著滿滿的一筐藥草，又累又餓。藥山有九個峰頂，他們走完一座山，又攀一座峰，從東方欲曉走到日落西山，再走到月亮升起。月亮的清輝從樹葉的罅隙裡透過來，他們藉著這散淡的月光，加快腳步趕路，一步一步艱難地走下山來。

白天，秦越人一邊帶領弟子們採挖百草、嚐藥、辨藥，一邊跟弟子們講解，從藥草的性味講到功效，從採集講到炮製，再講到配伍。弟子們的醫學知識很多都是在山上學到的，天地之大，隨處都是課堂。到了晚上，他們師徒就藉著

燈光在木簡上記下每種藥的特徵和藥性。

藥山盛產草藥，要說秦越人在藥山上採集、辨識到的藥材，最有名的當屬奇藥「陽起石」。陽起石，是一種礦物，味鹹，性溫，有綠色、綠灰色、白色等不同的顏色。濟南的藥山上出產絕佳的白色陽起石，也叫「白玉」。藥山下有一洞穴，盛產陽起石，所以藥山又叫「陽起石山」或「陽起山」。

陽起石看起來只是一種極其普通的石頭，但它卻可入藥，是治腎氣乏絕、陽痿不起的名貴中藥材，還能治療女性宮冷，有滋陰壯陽的奇效。雖然中國有很多地方都出產陽起石，不過，唯有藥山出產的陽起石品質最為上乘。藥山之所以聲名大噪，也跟它盛產陽起石有關。

傳說，藥山上常年有暖氣，就算是隆冬時節，齊魯大地白雪皚皚的時候，唯獨藥山上沒有積雪，鵝毛大雪落在山上旋即就消融了。其他地方的草木，一遇寒冬就已經倒伏，而唯獨這裡四季常青，好像是被上天特別眷顧的地方。人們都說，這是因為藥山上盛產陽起石，而陽起石性溫熱，所以能夠散發出溫熱之氣，有熱氣常年薰蒸，寒冬壓境自然沒有積雪。

宋熙寧六年（一〇七三）冬天，「唐宋八大家」之一的蘇轍，來到濟南出任掌書記。他是因為嚮往濟南才來做官的，前前後後住了三年的時間。他深愛濟南的山山水水，在濟南盡情享受「樂山」、「樂水」的妙趣。

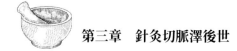

　　濟南多山，而蘇轍對藥山有濃厚的興趣。他早就聽說藥山因產陽起石而無積雪的傳聞。某年冬天，大雪紛飛，蘇轍冒雪出門，欲一睹山無積雪的異彩。一路上，蘇轍踏著厚厚的積雪尋山，果然望見山上沒有積雪，就像傳說中的那樣。於是，他便認為陽起石果然能夠發熱、消融積雪，為此他還特地作了一首詩，讚嘆陽起石的神奇功效——「消融驗藥功」。

　　不過，後來有人說，藥山上沒有積雪，其實不是因為陽起石溫熱的性能，而是因為藥山全部是由嶙峋的石頭組成的，冬天草木枯萎，怪石裸露在外，風一吹，雪便無法在上面存留。但陽起石的傳說還是一代一代地傳了下來，增添了陽起石神奇功效的神祕色彩。

　　清朝順治、康熙年間，有一年冬天，北風呼嘯，鵝毛般的大雪紛飛，山上、山下雪白一片，遠處的村莊都看不真切了。濟南歷城有一位詩人叫高瑾，他沿著曲折的羊腸小道向藥山走去，遇到剛從山上打柴歸來的樵夫。寒冬時節，只有藥山上草木蔥郁，「經冬草木青，山根氣如煦。所以澗底石，合藥起沉痼」。這裡的「澗底石」，就是陽起石。高瑾於雪中訪藥山，不失為一種雅人雅趣。

　　古代農曆三月三日上巳節，藥山還是遊人們登高踏青的好去處。無論是山下的人家，還是遠方的外鄉人，雲集於此，人喧馬嘶，十分熱鬧。藥山廟會規模盛大，甚至與千佛

山九月九廟會齊名，當時就有「一山聚得八方客，不上佛山上藥山」的美譽。

根據《宋史‧地理志》的記載，陽起石對治療腎氣乏絕、陽痿不舉藥效甚佳，但是陽起石的數量十分有限，開採又比較困難，因此在宋朝時，陽起石成為地方官員進京時必備的貢品。明、清時期，陽起石被官府壟斷，作為濟南特產上供朝廷。於是，這種本來應該惠澤萬民的藥材，成為朝廷專用的名貴藥材。

俗話說：「物以稀為貴。」為了能夠得到這一珍貴的藥材，當地官府甚至封鎖藥山，同時迫使百姓上山採藥，弄得老百姓苦不堪言。良藥害人的慘劇在明末詩人王象春的詩文〈藥山〉裡是有記載的。普通人要得到藥山上的陽起石，幾乎是不可能的。

遙想當年，秦越人歷經千辛萬苦採得良藥，為的就是惠濟萬民。千百年後，這良藥竟成為官府迫害百姓的「毒藥」。這倒是他始料未及的。

盛產陽起石的洞穴今天仍能看到，那開採的纍纍痕跡歷歷可見，只是陽起石已不多見了。常言道，撫今追昔，物是人非。如今倒是人非，物亦非了。在古代文人墨客的筆下，提到藥山，沒有不提到「陽起石」的；而提到「陽起石」，也沒有不提藥山的。

《宋史》所載陽起石

　　藥山以藥而聞名。一位玉匠想練就登峰造極的技藝，必須每天雕琢璞玉，以打磨慧心巧思；同樣，一位醫生想成為起死回生的杏林高手，也必須每天採藥、煉藥，以精進回春之術。採藥、煉藥是秦越人師徒每天的功課。

　　想當初秦越人初涉醫林，聆聽老師長桑君的教誨，他就像杏林裡的一株幼苗，如沐春雨，深受教益。如今，長桑君飄然而去，秦越人學習心切，他把老師留下來的古方祕笈展於几案之上，朝背夕誦，以求爛熟於心。然而，他知道，身為一位合格的醫生，大自然才是最好的學校。他常常告誡弟子們，要走出書齋，就算有一天功成名就了，也要親自到山

上開闊眼界，辨識草藥，或許還能發現更多有奇效的藥材。

　　古今中外很多發明，其實都是機緣巧合之下被創造出來的。中國中醫學上針灸用的銀針就是這樣發明出來的。

　　八、九月，正是濟南的夏末秋初，剛下過雨，茫茫晨霧將藥山裹得只有山影隱現，遠處隱約傳來幾聲雞鳴狗吠。大清早，秦越人和弟子們像往常一樣，背上藥簍，順著藥山北麓一路往上走。草葉上還蒙著一層細密的水珠，霧靄漂浮在山間綠樹上，縈繞不散。蒼鬱的藥山，別具一番清淨的意境。在一個陡峭的斜坡處，由於雨後路面溼滑，秦越人滑倒了。就在倒地的那一瞬間，秦越人下意識地抓住旁邊的一株野酸棗樹。子陽和子越見狀趕緊上前將老師扶起來，等他緩了緩神，艱難地站穩後，這才感覺到手指上隱隱作痛，原來是一根酸棗樹的刺，整個扎進了右手食指肉裡，只剩尾部留在外面。正值酸棗成熟的季節，那刺也正是剛勁的時候，又尖又硬。秦越人捏住酸棗刺的尾部，小心翼翼地將刺拔出。他看著剛直、尖細的酸棗刺陷入了沉思：酸棗刺的尖頭，不正是因為尖細得連刀鋒都容納不下，所以才能這麼輕易地刺透皮膚，深深扎進肌肉組織裡，而不為人所察覺嗎？

　　靈感往往會啟發人們的創造發明。

　　平時秦越人就在思索如何改進石製的針（砭石）。砭石是中醫診療時常用的工具，是把石頭磨成尖狀或片狀，在病

人相應的穴位上進行按摩刺激，以此來解除或減輕病人的痛苦。但是，砭石也有自己的缺點，就是它對穴位的刺激只停留在皮膚表層，不能深入肌理。如果想加深刺激，就要不間斷地用砭石按摩穴位，這麼做不僅費時費力，而且治病的效果也不理想。

此時，秦越人突然想到，如果發明一種針，像酸棗刺一樣細長、堅硬、尖利，治病效果不就大大提升了嗎？想來想去，鐵針是最好的選擇。那時的冶鐵技術有很大的提升，秦越人就用鐵針代替了砭石。

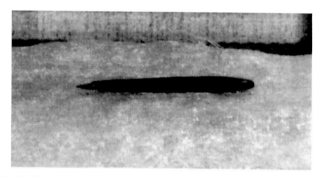

新石器時代的砭針（河南新鄭出土，陝西醫史博物館藏，此圖採自《針灸圖說》）

一根小小的酸棗刺，讓秦越人靈機一動創造了金屬針，成為中醫學史上一個重要的發明。幾年後，小小的鐵針就在各國普及開來。再到後來，銀針代替了鐵針。直至今天，針灸仍離不開秦越人的發明創造。

秦越人用自己發明的針幫病人治病，為病人解除病痛。

一傳十，十傳百，老百姓都知道，齊國盧邑城出了一位高明的醫生，他的扎針技術又快又準。

據說，有個老太太癱瘓在床很多年，聽說秦越人是神醫，醫術極好，就請兒子用小推車推她去求神醫。

秦越人在老人癱瘓的腿上仔細診斷了一番後，說只要幫她扎一針，病就好了。老太太聽說還要扎針，嚇得臉色發白。她的兒子解釋道，自己的母親平日雖然潑辣，但唯獨怕扎針。秦越人聽後哈哈一笑，示意他把老太太推到太陽底下去。

兒子不明就裡，還以為神醫要施法術呢！他心裡疑影重重，不過還是照神醫的話把母親推到院子裡。只見日頭當空，在老太太面前拉出長長的影子。秦越人跟過來站在影子旁邊，取出針，在老太太的影子上紮了兩排針。沒想到，一炷香的功夫，老太太竟然能站起來了。

其實，幫影子扎針不可能治好多年不癒的癱瘓，但是人們想像出這個美麗的傳說，是對秦越人精準扎針術的肯定和欽佩。其高超的針法感召著一代又一代醫者。

北宋時，都城開封有個叫許希的名醫。由於他醫術高超，擅長針灸術，被朝廷選進翰林醫官院。

西元一〇三四年，宋仁宗患了病，臥榻不起，御醫們無計可施。當時，許希在翰林醫官院的官職並不高，還沒有資

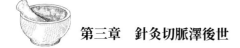

格幫皇帝看病。他曾經靠扎針幫仁宗的第十二個女兒冀國大長公主治好了病。大長公主就向仁宗推薦了許希。

許希幫仁宗診治了一番，從容自若地拿起針，就要針灸皇帝心臟下心包絡間的穴位。身邊的大臣們見狀嚇得面如土色。御醫們都知道，心包絡是保護心臟的，針灸這個穴位，一旦失手，後果不堪設想。

大臣們的擔憂和疑慮也讓仁宗心生猶豫。這時，身邊的一位太監自告奮勇為主分憂，讓許希在他的身上做個試驗，看看許太醫的針法如何。許希當場就在太監的心包絡上扎了幾針，太監安然無恙，眾人這才安心讓他幫皇帝扎針。

經過許希的診治，宋仁宗被治好了。仁宗龍顏大悅，下令封賞許希。在拜謝了皇帝豐厚的賞賜後，許希又朝西拜了一番。宋仁宗不解其中的緣故。原來，許希的醫術都是秦越人在古書中傳授給他的。兩人雖然相距一千多年，但秦越人確實是許希的老師。他覺得，自己能夠治好仁宗的病，都是秦越人的功勞，所以向西拜謝師恩。仁宗賞賜給他金銀、珠寶、絲帛，他也不願意獨享這份殊榮。他奏請仁宗，將賞賜的錢財用來修建扁鵲廟。仁宗特予恩准，就下令在京城西修建了扁鵲廟，並敕封秦越人為「靈應侯」，永世供奉。

秦越人精湛的醫術是在艱辛的實踐中累積而成的。大自然是他的老師。上藥山採藥的時候，他經常會遇到打柴的樵

夫，時間久了，也跟山下的百姓熟絡起來。他經常向他們請教萬物的習性，從他們身上學到了很多，醫術日臻精湛。

山腳下有戶人家，男主人叫陽文，與秦越人比鄰而居。陽文得了中風，偏癱在床。這天，秦越人正在家裡鍛製青礞石，幫陽文治療中風。在研成粉末配藥的時候，門外突然傳來一陣喧鬧聲，秦越人忙問弟子們是怎麼回事。弟子子豹告訴他，鄰居陽文家裡那頭老黃牛，養了十幾年了，最近不知怎麼回事，越來越消瘦，都不能下地耕作了，他的兒子陽寶就想把這頭老牛宰殺，免得老牛受罪。陽寶在牛膽裡發現了兩塊黃色的「石頭」。牛膽裡怎麼會有石頭呢？老牛就是因為膽裡長了石頭，才日漸消瘦的嗎？陽寶覺得奇怪，就拿來給秦越人看。秦越人拿起黃色的「石頭」仔細察看，光看外形和顏色，幾乎跟青礞石一模一樣。他心裡也疑惑著：牛膽裡怎麼會長出黃色的「石頭」呢？這種黃色的「石頭」有什麼用？

這時，陽文的病發作了，秦越人趕緊和陽寶過去診治。他隨手把牛黃石頭放在桌子上，和青礞石混在了一起。

到了陽文家，只見他雙眼上翻，四肢發冷，喘息急促，病情十分危急。秦越人一邊幫陽文扎針，一邊囑咐陽寶到自己家去把桌子上的青礞石拿來。結果陽寶匆忙中錯拿了牛黃石頭。情急之下，秦越人未加細察，就請陽寶把青礞石碾成粉，攪拌在水裡讓陽文灌下。不一會兒，陽文就停止了抽

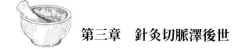

搐，氣息也轉向平穩，神志變得清楚起來。秦越人又囑咐了陽寶一番，說明天再來為他的父親餵藥。

等他回到家裡，發現青礞石仍然在桌子上，但牛黃卻少了一塊。秦越人內心有一種不祥的預感：「該不會幫陽文下錯藥了吧？可是，是誰動了桌子上的藥石？難道是弟子們誤拿了藥石嗎？」按說弟子們跟隨自己多年，不會連青礞石都認不出來的。

他趕緊把弟子們喚進屋裡，弟子們看見老師焦急的神色，知道事態嚴重，可是大家你看我，我看你，都說沒動過藥石。子陽忽然想起來，說剛才陽寶過來取過藥。

秦越人心想：「一定是陽寶錯把牛黃當成青礞石了。」然而，這個偶然的差錯，引起了秦越人深思：「難道牛膽裡的結石有化痰定驚的功效嗎？」陽文服用了牛膽裡的結石，就停止抽搐，效果如此顯著，這絕不是偶然。

第二天，秦越人去幫陽文複診的時候，就有計劃地將牛黃研成粉給陽文服用。第三天，陽文的病奇蹟般地好轉了，不僅不抽搐，原本偏癱的身體也開始能輕微地動彈了。這時候，秦越人才確信，牛膽囊裡的結石確實具有治療中風的奇效。

結石長在人的身體裡是多餘的，但長在牛膽上卻是藥用奇石，是無價之寶。結石長期浸於膽汁中，能清心開竅，鎮

肝熄風。這種結石凝於膽囊中而成黃，秦越人就給這種新發現的藥石取名叫「牛黃」。（牛黃現在也常用，具體用法、用量請遵醫囑。）

牛黃雖然有奇效，但卻非常稀有。因為這是牛得了膽結石後才會長出來的石頭。牛得到結石病後，吃草少，喝水少，行走無力，最後病死。但並不是每一頭牛都會得膽結石，所以，牛黃就非常珍貴了。

若從藥山北麓往上走，首先映入眼簾的，是藥聖坊。坊柱上撰有一副對聯：「九點齊煙唯此獨尊，天寶物華人傑地靈。」未至藥山下，已聞藥草香。兩千多年前，秦越人就是在這裡度過了無數個春秋。

藥聖坊

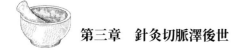

　　為了採藥方便，他帶著弟子們索性在此住了下來，製作藥材的同時，山下的百姓也會前來尋醫問藥。

　　他一邊採藥、煉藥，一邊幫附近的百姓治病。但是，在治病的過程中，他發現以前用《內經》中記載的「三部九候法」，不僅切脈部位多，而且用起來很繁瑣，難以掌握，常常大半天只能幫幾個人看病，這樣大大降低了診治的效率。有時遇到姑娘家來問診，雖然醫生眼裡沒有男女，但也著實不太方便。秦越人暗下決心，要探索新的切脈方法。

　　他在《內經》的〈靜脈別論〉、〈脈法精微論〉中發現，一個正常人每一次呼氣，脈氣就會行走三寸；而每次吸氣，脈氣也行走三寸，這一呼一吸稱為「一息」。正常人一天一夜，脈氣會繞全身循行五十週次，循行五十週次以後，脈氣又會合在手太陰肺經寸口處。而手太陰的寸口是五臟六腑氣血循環的起止點。既然這樣的話，切脈的時候獨取寸口就行了，體察寸口脈搏跳動的情況就可以了解病情。

　　秦越人大大地簡化了中醫脈診的方法。在當時，他的方法招致世人的譏諷和不解，但是秦越人深信，自己把脈象的變化和人體五臟六腑的病理變化連結起來是正確的。

　　有一次，鄰村有個病人前來求醫，他四肢顫抖，疼痛不止，渾身直冒冷汗。秦越人觀察了病人的氣色、眼睛和舌苔後，伸手按住病人的寸口，然後閉目體會脈象的變化。接

著，他取出鐵針，對準一個穴位刺去，再讓病人喝一碗溫開水，休息了片刻，果然病人恢復如初，精神大振。

秦越人揣摩古方，在行醫過程中勇於研究新法，用切脈診病的療效越來越好，好評如潮，前來向他求醫的病人絡繹不絕，盧邑城也成為患者心中的希望之城。很快，盧邑城醫生秦越人聞名遐邇了。

早在秦越人生活的春秋戰國之際，藥山一帶就是比較繁華的地方。東北方向有濼邑，處在古濟水和濼水的交匯處；南邊有歷邑（今濟南千佛山附近）和鞍邑。如今名醫秦越人在此採藥，無形中更加大了這裡的名氣。

藥山之巔原有一座藥王廟，又叫「萬壽堂」，是世人為了祭祀秦越人等名醫而建造的。廟宇宏偉壯觀，古樸典雅，祭祀雷公、伊尹、秦越人、淳于意、張仲景、華佗、王叔和、皇甫謐、葛洪、孫思邈十大名醫，塑像精緻，栩栩如生。令人遺憾的是，一九三〇年代後，藥王廟歷經風雨的侵蝕和戰火的浩劫，最後被拆除，只留下斷壁殘垣。

二〇〇四年，人們在藥山東麓新建了一座藥山寺，山門不夠高大氣派，不過掩映在青山綠樹之中，倒也顯得十分幽靜。

在這裡駐足，可見三三兩兩的遊客進去參觀進香。在藥山寺西側的登山路上，矗立著一尊扁鵲雕像，雕塑通體鍍金，在夕陽的映照下熠熠生輝。

藥山寺

扁鹊雕塑

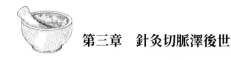

　　清朝乾隆年間，濟南歷城有一位有名的詩人，叫任弘遠，喜歡遊歷古蹟。他來藥山遊覽時遇到一位高姓道士，兩人相談甚歡。在分別之際，他作了一首詩〈贈藥山高羽士〉，以表分別之意。詩中寫道：「遠避雲深處，結第在九峰。春前鋤芍藥，雨後種芙蓉。元悟心常靜，丹爐火自熔。不緣賣藥出，人世哪能逢。」高羽士每天在幽靜的藥山道觀裡修真悟道，詩中頗有靖節先生「結廬在人境，而無車馬喧」的意境。陶靖節在南山種的是菊花，高羽士種的是芍藥和芙蓉，仙風道韻。藥山遍地都是藥材，高羽士也就在此採藥，然後拿到山下去賣，聊以為「稻粱謀」。倘若不是要下山賣藥，兩個人哪能相逢呢？

　　如今的藥山，已然沒有了清代春鋤芍藥、雨種芙蓉的美好意境，只有那草木成蔭、怪石嶙峋的自然風物，向人們訴說著千百年前的悠悠往事。

第四章
製丹藥母子得救

秦越人在藥山採藥，又在鵲山煉丹，兩座青山相去不遠，隔河而望，留下了秦越人行醫的足跡，成為今天我們撫今追昔、緬懷神醫的好去處。

在歷代文人墨客筆下流光溢彩的濟南名勝「齊煙九點」，其中一景便是鵲山。在黃河南岸，臥牛山、華不注山、鳳凰山、標山、北馬鞍山、藥山、粟山和匡山八座山星羅棋布於泰岱北麓山前平原上，唯有鵲山在黃河北岸「遺世而獨立」。

在唐宋年間，有一清波蕩漾、浩渺無際的鵲山湖，鑲嵌在鵲山的南邊，距離濟南府北大約有十公里。每至盛夏時節，湖上蓮花盛開，清風徐來，風光頗為雅緻。唐玄宗天寶七年（七四八），詩仙李白曾重遊濟南。他陪同濟南太守泛舟湖上，寫下了〈陪從濟南太守泛鵲山湖〉三首，「湖闊數十里，湖光搖碧山」，湖水浩渺，水映山色，「遙看鵲山轉，卻似送人來」。

中國山河壯麗，每一地都有名動神州的大山，如山東的泰山、河南的嵩山、陝西的華山、安徽的黃山、湖南的衡山，無數小山的光華就被淹沒在高山大丘的萬丈光芒之下。濟南的鵲山能夠為世人所知曉，大概是因為元代文人趙孟頫的那幅「鵲華秋色圖」。

趙孟頫生活在宋元易代之際。他是趙宋王朝的皇室後

裔，但又「且將忠心報皇元」，以致遭到朝中的讒言之害。這樣的政治出身和時代背景，給他造成很大的精神困擾。一二九二年，他自請外任，逃離了京城那個是非之地，到濟南出任同知濟南路總管府事，為官三年。濟南正是他外任生涯的第一站。

依山湧泉的美麗濟南成了趙孟頫棲居心靈的聖地，長久以來抑鬱的心情得以紓解。在濟南期間，他的辦公地點就在大明湖附近，他常常泛舟遊湖，還遊歷過趵突泉、華不注山、鵲山等勝景，擁一城山色入懷。

趙孟頫解官回到家鄉浙江吳興後，會晤了詞人周密。周密祖籍山東濟南，因為身在浙江，遠離故土，心中也少不了思鄉之情。如今看到好友從自己的故鄉歸來，更是勾起了綿綿的鄉愁。於是，趙孟頫作了一幅「鵲華秋色圖」，用自己看到的濟南山水慰藉周密的懷鄉之情。

鵲山與華不注山隔河相望，兩山相距五點五公里，在「鵲華秋色圖」的畫面上，右邊的華不注山似從平地驟然拔起，尖峭如削，直入青天，蔚為壯觀；而左邊的鵲山則不同，它沒有主峰，整個山體圓潤而厚重，「削壁涵青」，與華不注山一峰凌霄的氣勢比起來要謙遜得多。

兩山之間有一鵲山湖，每當烏雲之際，煙霧環繞兩山，若有若無，營造出一種朦朧的意境美。兩點青煙，搭配煙波

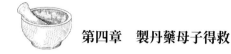

浩渺的鵲山湖，與江南煙雨比起來，倒別有一番韻味。這幅
「鵲華秋色圖」感動了一代又一代人，人們將這兩處山色合
一，譽為「鵲華煙雨」。在文人騷客的筆下，華不注山似乎
更受偏愛，不過，鵲山質樸無華，更有一種渾然天成之感。

趙孟頫「鵲華秋色圖」

　　濟南的美景走進了趙孟頫的詩作，也走進了他的畫裡。
鵲山不高，與五嶽相比，只能算小有名氣，而趙孟頫用他那
神奇的畫筆點染出了鵲山的自然風光。

　　臺灣學者余光中先生曾經來到濟南，由友人陪同去觀賞
黃河。在黃河岸邊，他看見對岸隆起一脈山影，像是半浮在
水面上的象背，不須陪同人介紹，就一眼認出那脈山影就是
鵲山，靠的就是趙孟頫的名畫「鵲華秋色圖」。

　　如果說趙孟頫用清潤的墨色，暈染了濟南的山景，那麼
兩千多年前的一位民間醫生，卻孕育出了鵲山的文化底蘊。
此人，就是秦越人。

鵲山之所以叫鵲山，後人有好幾種美麗動人的說法。

有人說，是因為每年七、八月間，就會有無數的烏鵲南來北往，把這裡當成遷徙的必經之地，它們布滿鵲山峰頂，盡情嬉戲，鵲山也就因此而得名。濟南城的淑女、村婦們，都會在七月七日這天來到鵲山乞巧。

還有人說，鵲山得名，是源自扁鵲，他曾來到鵲山，陶醉於這裡的美景，再加上這裡離藥山不遠，於是就在這裡煉丹製藥，為老百姓治病。死後也葬在山腳下，山以人顯，故名鵲山。只是不知道，在秦越人生活的年代，烏鵲是否會來鵲山落腳。

其實，鵲山原本不叫鵲山，而是叫「崏山」。不過，崏山既難寫，也難讀，久而久之，老百姓就把「崏山」叫成了鵲山。濟南人似乎更願意相信，鵲山是跟那個懸壺濟世的扁鵲有關係，而「崏山」則是老學究們的事。

鵲山雖與藥山隔河相望，但是兩山風致迥然不同。與藥山九峰似蓮不同的是，鵲山並沒有主峰，從遠處望去，就像一塊巨大的翠屏立於地上，所以古人說「遠望之若萬疊雲屏」。秦越人曾經在鵲山煉藥，因此才有「翠屏丹灶」的美譽。明代，「翠屏丹灶」被列入「歷下十六景」。

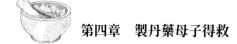

第四章　製丹藥母子得救

鵲山

　　相傳，兩千多年前，秦越人帶著弟子們遊歷到鵲山，正好鵲山周圍爆發了瘟疫。人們一個個臉色蒼白，嘔吐腹瀉，叫苦不迭。村裡被瘟疫奪去性命的人不計其數。染上瘟疫的人家，本來就夠不幸的了，最後連親友也不敢與他們往來，生怕被傳染，可憐的他們只能孤獨地死去。病人們吃了不少草藥，但都不太有效，只能任憑瘟疫像惡魔一樣橫行。

　　有些無德的鄉村醫生，早就攜家逃命去了，哪裡肯救這些瘟疫患者呢？常言道：「名將不怕死，良醫不避疫。」這是中華民族代代傳承的高尚品德。秦越人行醫至此，看到瘟疫肆虐，昔日生氣勃勃的村落一片寥落的慘象。他毫不猶豫地奮力救治百姓。他和弟子們沒日沒夜地上山採藥，下山煎藥，分發給周圍的老百姓服用，挽救了很多人的生命。當地百姓都感念他的恩德，傳稱秦越人就是「活神仙」。後來秦越人在秦國被庸醫所害，這裡的人們聽聞這一噩耗，無不失聲痛哭。

老百姓原本就深受傷寒、瘟疫和蛇鼠之害，再加上缺少藥材，一遇到疾病爆發，就只能聽天由命。很多人生病了，為了活命，就胡亂吃草藥，常有人因誤食毒藥而死於非命。

　　秦越人看在眼裡，急在心裡。這次瘟疫大爆發，老百姓死傷無數，深深地觸動了他的心。他意識到：每個人的體質各不相同，同樣的病生在不同的人身上，表現也不同，要是給不同的人煎不同的藥，豈不是很耗費時間嗎？不如把採來的藥草全部都加工成藥丸、藥粉、藥膏之類的成藥，行醫出診時隨身攜帶，走到哪裡，就把藥帶到哪裡，這樣不就能幫助更多的人了嗎？

　　秦越人把他的想法告訴了弟子們，弟子們都說這是一個好辦法。

　　一天，他們師徒一行人在鵲山西凹偶然發現了一處山洞，那裡樹木蓊鬱，風景秀麗，仙氣縹緲。秦越人師徒為這優美的自然風光和山上豐富的草藥所吸引。他思考良久，決定就在這裡煉丹製藥。於是，鵲山西凹這塊吉地，升起了煉丹的爐灶，丹爐之火從此熊熊燃燒起來。

　　鵲山是一處幽靜之所，秦越人的家鄉盧邑距此不足百里。他帶著弟子們在山腳下結廬為舍，白天採藥，研讀藥典，鑽研醫理；到了晚上，月光從夜空中傾瀉下來，半個山上都是光潔的月光，他便就著清輝煉丹製藥。日出日落，暑去寒來，從來沒有懈怠過。

扁鵲研讀醫書

明代詩人劉敕作〈鵲山〉詩曰:「西北開青嶂,無峰山
自奇。丹爐還歷歷,明月故遲遲。」時隔兩千餘年,早已物
換星移,如今,透過「翠屏丹灶」的歷史陳跡,我們依稀能
夠看見:秦越人端坐在爐灶前,拿著一把蒲扇搧動著火苗,
看著淡青色的藥液煮沸,慢慢凝結成藥膏,在橘紅色的火

焰上冒著熱氣。他不時地往爐灶裡添薪柴，用文火慢慢煎熬著。

秦越人嘗試過很多種煉藥的方法，有的製成了藥膏，有的煉成了藥丸。

春秋戰國時期，齊國地區就有很濃厚的學習方術的傳統。方士們紛紛設灶煉丹，他們覺得吃了煉製的丹藥就能得道成仙，不然也能延年益壽、長生不老。秦越人對那些方士用很珍貴的藥材煉製的長生不老靈丹妙藥，很不以為然。他煉丹並不是為了青春永駐、長生不老，而是為了受苦受難的老百姓。那時候，民間缺少藥材，百姓飽受疾病折磨。秦越人就和弟子們將藥草煉製成丸、散、膏、丹等品類，分發給老百姓服用。

傳說，有一個人得了重病，吃了好多藥也不見好，他的家人聽說秦越人醫術高明，治好了不少疑難病症，就想帶著他來碰碰運氣。只要有一線希望，他們就要努力！他們打聽到，秦越人在鵲山一帶行醫煉藥，就千里迢迢地前來求醫。可是，還沒到山前他們就迷了路，在此之前他們一連趕了好幾天的路，現在已經疲憊不堪了。

恰巧一位老伯正挑著一擔柴往家走，病人的家屬就向老伯打聽秦越人的住處。老伯指了指前方。病人的家屬順著老伯指的方向，看到山上冒著白煙的地方。附近的人都知道，

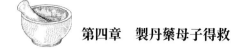

有煙的地方就有「神醫」的蹤影。病人和他的家人聽說「神醫」就在前面的山上，頓時有了希望。他們往前走著，臨近山下的時候，濃郁的藥香撲鼻而來，病人忽然間感覺神清氣爽，身體也舒適了不少。據說，鵲山腳下的人家聞著藥香能夠百病不生。後代的人們為了紀念他，在他煉丹的地方建造了一座「扁鵲祠」。

秦越人總是把病人當成自己的親人和朋友，不僅幫他們治病，還會不辭勞苦地幫病人送藥。有一次，秦越人帶著子輿，要到山下幾里外的一戶病人家裡送藥。途中經過一個村莊，遠遠地就看到街道上擠滿了送葬的人，一陣陣哭聲和鑼號聲由遠而近。等他們走近了，一打聽才知道，一個年輕的婦人因難產而死。

中國自古講究「人死為大」。按照當地的習俗，凡是靈柩抬過的地方，人們不管在做什麼，都要停下來向死者行注目禮，以表示對死者的尊重。秦越人和子輿站在路邊，神情肅穆，看著送葬的隊伍緩緩走來。

只見一隊人穿著喪服，頭上纏著白綾，抬著一口用粗糙的薄木板打造的棺材，伴隨著揪人心肺的哀樂聲，向他們走來。

左鄰右舍都出來為這個可憐的女人送行，家屬們呼天搶地的哭聲，惹得路旁圍觀的人們也跟著默默拭淚。

秦越人聽著周圍的人們發出一片惋惜聲，也深感痛心，畢竟一個孕婦還沒生下孩子就死了，很令人難過。

　　棺材走過之處，留下瀝瀝拉拉的一串血跡。秦越人看後頓時大驚，再看棺材，從角上又滴下幾滴血來。

　　秦越人忙跑過去，子輿看見老師衝了出去，也跟著跑過去。秦越人蹲下去，用手沾了點血，用大拇指和食指捻了捻，又湊近鼻尖聞了聞。這血還是新鮮的，棺材裡的人一定還活著。他用驚詫的眼神看向子輿，示意他也聞一聞。子輿聞了聞，也大吃一驚，棺材裡裝的的確是活人。自古人死了才能入棺，他們怎麼敢明目張膽地把一個大活人裝進棺材裡呢？這不是胡鬧嗎？

　　秦越人趕緊衝到出殯隊伍的最前面攔下他們。眾人都愣住了，你看我，我看你，哭喪聲也停了下來。「人死為大」，死者的家屬都氣憤不已，說他是不知道從哪裡跑來的瘋子，拿死去的人尋開心，要派人驅趕他。

　　子輿一看送葬的家屬氣勢洶洶的，怕鬧出什麼亂子，就把老師往後拉，畢竟棺材一旦抬起來了，是不能放下的。這是從古時候就傳下來的禮俗。

　　秦越人何嘗不知道這一禮俗呢？可是人命關天，他也顧不了那麼多了。他見沒人相信他，就跟主事的人反覆急切地解釋，棺材裡的孕婦並沒有死，她只是難產昏厥，還有救

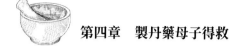

治的希望。他還特地拿出隨身攜帶的藥箱，證明自己是個醫生。管事的人一時也拿不定主意。

眾人再看他認真嚴肅的神色，就都開始猶豫起來。孕婦的丈夫也不敢相信，他親眼看見妻子因難產而死，這難道還有假嗎？既然死了就應該早點讓她入土為安啊！管事的人最終決定「恩威並施」，讓秦越人一試，但也放出狠話，要是治不好病人，他就別想離開這裡。

丈夫請眾人放下棺材，打開棺蓋。人們趕緊把孕婦抬出棺材。秦越人忙上前幫孕婦診脈，從脈象上看，她脈虛而弱，應該是精神緊張，導致骨盆難開，持續陣痛引發了窒息。

他打開針包，取出一根銀針，對準孕婦的穴位，一針下去，只見孕婦身子動了動，發出了微弱的喘息聲。眾人還以為是詐屍，嚇得連忙往後退。

漸漸地，孕婦甦醒過來，眼睛也睜開了，又咳嗽了幾聲。她看到身邊圍著一大群人，神情凝重而緊張，又看到丈夫焦急而關切的眼神，便喃喃地呻吟著，氣息微弱。

丈夫見妻子活過來了，激動地抓著妻子的手，喜極而泣。他轉過身來向秦越人跪下，連磕三個響頭，一邊磕頭，一邊喊著「神醫」，還給秦越人塞了很多錢，感謝他的救命之恩。秦越人分文不取，這是他行醫以來一貫堅持的原則。

治病救人是醫生的本分，幫窮人看病，經常免費幫他們治療，還會贈送一些藥草。他看這家人穿著寒酸，連棺材板都是最薄的那種，生活一定很貧苦。秦越人行醫時的點滴仁心，成就了他在醫界的崇高地位。

這時，孕婦因為劇烈的陣痛，痛苦地喊叫起來。

秦越人一看，知道孕婦快要生了，就吩咐那幾個抬棺材的壯漢，趕緊把她抬到背風處，又囑咐孕婦的家人準備好熱水和剪刀，做好產前準備。

產婦臨盆難產急如星火，生死攸關，秦越人沒有多想，就要跟過去接生，結果被她的家屬攔下。都是接生婆幫婦女接生，從來沒有聽過有男醫生當接生婆的。尤其是在這鄙陋的鄉野之地，男醫生接生更是聞所未聞。產婦的家人將秦越人擋在外面，哪裡管他「醫生只管病人，不分男女」的說辭呢！

產婦的情況已經萬分危急，正好圍觀的人群裡有一位接生婆，就自告奮勇幫產婦接生。秦越人知道，其實這些接生婆根本不太懂醫學，她們不過都是當地有過生育經驗，手腳又敏捷的婦女。這個產婦先前已經暈死過一次了，這次接生婆未必能幫她順利分娩。要是再出現意外，產婦就是「真」死了。到那個時候，就連神仙也救不了她。

果不其然，沒過多久，接生婆就慌張地跑過來，顫抖著手，大喊：「不好了，不好了！」產婦的丈夫聽聞妻兒又到

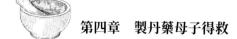

了鬼門關，頓時兩條腿發軟，幾乎要癱倒在地上，幸虧旁邊有人眼疾手快幫忙攙扶住。妻子好不容易經歷了「死而復生」，現在總不能看著她再「活而復死」吧？這種情況下，哪還顧得了男女有別呢？丈夫哭求秦越人，一定要發發善心，救救自己可憐的妻子。眾人都替產婦捏一把冷汗。

時間寶貴，秦越人過去以後，看到產婦的衣服已經被羊水和鮮血染透了。他蹲下身，一邊幫產婦進行腹部按摩，一邊耐心引導、安撫產婦。過了好一會兒，見產婦的緊張情緒慢慢緩和，秦越人從針包裡取出一根針，對準產婦的穴位扎下去，孕婦「啊！」的一聲，身體一用力，一個男嬰就隨聲墜地。

接生婆眼疾手快，拿起剪刀，剪斷臍帶，輕輕地拍了幾下嬰孩的屁股，奇怪的事情發生了：孩子張著嘴巴，但怎麼沒有聲音？

秦越人接過來，右手抓住男嬰的雙腳，頭朝下倒提起來，在後背上輕輕地拍了幾下，男嬰便「哇哇」地哭了起來，聲音洪亮極了。原來，產婦羊水破得早，嬰兒悶太久，所以窒息了，將他頭朝下拍背，就是激活他的五臟功能，打通他喉嚨裡的憋氣。

經過一天的折騰，產婦已經筋疲力盡了，但聽到孩子的哭聲，還是激動地哭了起來。人們聽到孩子的哭聲，懸著的心才放了下來，他們都交口稱讚秦越人果然是「神醫」。

孩子剛生下來，產婦又出現頭暈眼花、胸口憋悶的症狀，秦越人判斷這是產後血暈。正好他和弟子們先前在鵲山煉藥，把半夏等草藥搗碎了篩成散藥，然後搓成大豆一樣大小的藥丸，隨時帶在身上以搶救危急病人，如今正好派上用場。秦越人吩咐子輿拿出兩顆來納入產婦的鼻孔中，很快產婦的症狀就減輕了。

妥善安排好產婦後，秦越人拿起藥箱準備離開。產婦的丈夫怎麼也不讓他走，非要留他吃飯，以表謝意。秦越人辭謝告別。

秦越人在此煉丹，引得眾多文人紛至沓來，重走秦越人煉丹的遺跡，追思這位偉大的民間醫生。

如今的鵲山就像詩人說的那樣 ——「荒山有舊祠」。過去，鵲山西麓有寺院，宋代叫鵲山院，又叫「長桑院」。「唐宋八大家」之一的曾鞏，在任濟南知州不到兩年的時間裡，就被濟南的湖光山色深深吸引，鵲山在他的詩篇裡留下了美麗的倩影。他常到鵲山院遊玩，曾寫道「靈藥已從清露得，平湖常泛宿雲回」。

宋紹聖二年（一〇九五）七月，陳師道被任命為山東惠民的教授。他喜愛登山，四十八歲來山東時，登上鵲山，賦詩詠懷：「小試登山腳，今年不用扶。微微交濟濼，歷歷數青徐。樸俗猶虞力，安流尚禹謨。終年聊一快，吾病失醫

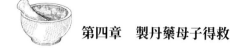

盧。」他感嘆自己年衰體弱、七病八痛，卻因貧窮得不到盧醫的醫治。

清康熙二十七年（一六八八）三月，清人王士禎從北京回家，路過濟南的時候，作詩追思秦越人：「今此鵲山無乃是，越人陳跡誰追攀？」

鵲山腳下坐落著五個村落：鵲山村、鵲山東村、鵲山西村、鵲山南村、鵲山北村。它們的名字都與鵲山有關。在鵲山南村的一間農舍前，矗立著秦越人的石像，他右手拄拐杖，左手背在身後，腰間掛著一個大葫蘆。鵲山舊景猶在，「煙雨重重掩，屏風疊疊奇」，煉丹陳跡亦可尋，看著秦越人腰間掛的大葫蘆，不禁遙思：「九煉丹成否？」

在行醫過程中，秦越人發現山東地區流行一種怪病，很多人咳嗽不止，面黃肌瘦，嚴重的臥床不起，最後咳血而死。目睹這樣的慘狀，扁鵲感到十分痛心。為了治癒這一疾病，秦越人上下求索，苦心探尋能為人們補血益氣、解除病患的靈藥。

後來，秦越人聽說獅耳山（位於今山東濟南平陰）一帶百草豐茂，就帶著弟子們前往。臨近山下，果然草木欣榮，古樹參天。獅耳山兩百五十公尺高，及至山腰，發現生長著蓍草、枸杞、北沙參、益母草、野菊花、地黃、天門冬、白薇、遠志、當歸等數百種藥草，是一座天然的藥材寶庫。

獅耳山

　　山間泉水潺潺，風掠林梢。濟南城以多泉而聞名於世，在它的西南地帶，也有眾多泉眼湧出，墨池泉、狼泉、白雁泉、拔箭泉、丁泉、長溝泉，還有躋身「七十二名泉」的洪範池、書院泉和扈泉，九泉匯聚，形成了浪溪之水，甘甜清冽，飲之滿口溢芳。正是這條河用她甘甜的漿液，滋養了濟南的老東阿城。

　　當地很多農家在山上散養驢子，驢子在山間悠閒地走來走去，餓了吃青草，渴了飲浪溪之水。因此這裡的驢皮品質上乘。秦越人決定在此地「治膠」，就是「造驢皮膠」。這裡的黑驢康健肥壯，毛色烏亮，皮質優厚，很適宜熬膠。驢皮膠的用處可多呢！男人吃了可補陰氣不和，女子吃了有助於治療血枯、無子的毛病。

　　他們在獅耳山下支好爐灶，把驢皮放入鍋裡，加上甘草

等藥草，用桑木枝生火，一連熬煮了七七四十九天，直到鍋底有一層亮晶晶、黑瑩瑩的膠層為止。驢皮膠色黑如瑩漆，略透光如琥珀。在山東省濟南市平陰縣的東阿鎮，至今流傳著這樣一首民謠：「小黑驢，白肚皮，粉鼻子、粉眼、粉蹄子，獅耳山上去啃草，浪溪河裡來飲水，城裡大橋遛三遭，少岱山上去打滾，至冬宰殺取了皮，熬膠還得陰陽水。」

　　秦越人和弟子們用精心熬製的驢皮膠幫很多血虧的病人治病，驢皮膠也聲名遠播，發展到現在成為赫赫有名的阿膠。秦越人師徒到趙國幫女子治療帶下病的時候，就多虧了阿膠的功效。因為有如此神奇的功效，阿膠與人參、鹿茸並稱為「中藥三寶」。

阿膠

第五章
醫晉侯驅除瘟疫

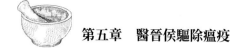

　　春秋戰國時期盛行遊學。俗話說：「讀萬卷書，行萬里路。」這是做學問的大道。秦越人也不例外。秦越人穿梭於藥山、鵲山之間，一邊採藥煉丹，一邊為百姓治病，逐漸成長為一個醫德高尚、醫術扎實的民間醫者。他決定帶弟子們雲游列國，博求醫方，改善醫術，由此開啟了長達數十年的游醫生涯。第一站是晉國。在啟程之前，秦越人還不知道他在故鄉靠扎針、切脈治病救人的事跡早已像風一樣，傳到了晉國。

　　他們跨過黃河，一路舟車勞頓，終於來到了晉國。當時，晉國主政的是大夫趙簡子。本來，一個諸侯國裡，大事小事應該都由國君說了算，但是，在春秋後期的晉國，晉昭公當政的時候，國君和公族的力量相對弱小，相反，大夫們的勢力卻日益膨脹，開始擠壓並威脅到公室的權力。晉昭公大權旁落，雖然他仍然是晉國名義上的君王，但是權力早已被下面的大夫們瓜分走了。

　　西元前四九七年，大夫趙簡子開始執掌權柄，掌管了晉國的政權和軍權。趙簡子是何許人也？他就是名垂青史的「趙氏孤兒」趙武的孫子，也是後來「戰國七雄」之一趙國的奠基人。

　　為了國家，趙簡子到了殫精竭慮的地步，常年的勞累已經耗盡了他的心血。家人都勸他要以身體為重，可是趙簡子卻不肯放權。正當權勢如日中天時，他卻突然病倒了。

趙簡子一倒下去，晉國內政就亂了。

趙簡子的家臣董安于緊急召來全國的太醫為這位執政者診病。他們輪番上陣，可竟然都診斷不出趙簡子的病症，都悲觀地說相國的病恐怕是醫好無望了。趙相的女眷們心裡頓時涼了半截，哭成一團。

宮裡的太醫們熟諳明哲保身之道，先把趙相的病說得嚴重一點，等到他真死了，他們也不會被怪罪。不過，他們還是嘗試開了藥方，讓趙簡子用藥。可是，趙簡子的病不但毫無起色，反而神志不清，昏迷不醒。就連晉國國內頗有名氣的巫醫們，也都一個個被請了一遍，他們來了不過就是升壇祭天，祈禱上天保佑，對趙簡子的病沒有什麼幫助。

趙簡子病情已經十分嚴重，家人和屬下日夜守著他，希望能有奇蹟發生。看著趙簡子日漸消瘦，就像一盞油燈慢慢乾枯下去。家人已經急得沒了主意，大臣們也都一籌莫展。

在趙簡子昏迷的第五天，董安于突然想起來，他前段時間聽聞國內來了一位齊國的醫生，叫秦越人，幫很多老百姓治好了病，名聲很大。不妨把他請來為趙簡子診病，索性「死馬當活馬醫」。一聽這話，夫人黯然無色的淚眼頓時亮了起來，隱約中覺得趙簡子的病有希望治癒。公子無恤的心裡也閃過一線希冀，立即吩咐董安于把秦越人找來，幫父親治病。滿朝上下也都把秦越人當成最後一根稻草，牢牢抓在手裡。

董安于派出很多使者分頭到民間去尋找秦越人,終於在一個村子裡找到了他。使者向秦越人簡單描述了趙簡子的病情,秦越人聽後心裡大體有數了。他交代了弟子幾句,就帶著子儀、子輿、子陽前往趙相府。

這是他們第一次幫權貴治病。弟子們跟著老師學醫多年,見識到各種疑難雜症,也診治過各色病人,但如今要幫位高權重的趙相看病,弟子們十分忐忑。他們心裡都清楚,幫權貴治病,治好了功成名就,皆大歡喜;但稍有差池,很有可能連命都得賠進去。他們上了董安于安排的馬車,一路顛簸更加劇了弟子們的驚慌。

對於弟子們的擔憂,秦越人心如明鏡。只是,他行醫治病從來都是以病人為要,沒有把自身的安危放在心上。再說,他現在連病人都還沒看到,只想著怎麼救治,哪能拒絕呢?呂不韋編撰的《呂氏春秋》裡說過,「醫治病不畏死」,就是說醫生為病人治病時,要一切以病人為重。在計功謀利的戰國時期;在自身安危毫無保障的前提下,先想到病人,這就是秦越人的仁心啊!病人可以選擇醫生,因為這是病人的權利;可是,醫生卻不能拒絕病人,因為這是醫生的人道。

在顛簸的馬車裡,師徒幾人開始根據使者的描述,探討起趙簡子的病情來。這是秦越人教學的一大特色,他訓練弟

子們要學會根據症狀揣摩、診斷病情，因為一種症狀可能對應幾種疾病，而幾種疾病也可能表現為一種症狀，這樣的教學可以鍛鍊弟子們的思辨能力。只是這一次，他們不敢掉以輕心。一來是因為趙簡子身為權貴，權勢遮天；二來是因為病情蹊蹺。聽說趙相已經昏迷五天了，還有救起來的希望嗎？他們每個人都在心裡打了一個問號。秦越人也知道，一個人的病情是千變萬化的，只有看過病人，結合望色、詢問、切脈之後才敢下結論。

　　子輿的臉上倒是看不出擔憂，反而還有一絲掩飾不住的期待。他覺得自從老師行醫以來，都是幫老百姓治病，這是第一次幫權貴診治，要是幫趙相治好了病，老師就能名揚四海了，自己身為弟子，也能跟著沾光。

　　秦越人似乎看出了子輿的心思，姜爰身敗名裂的事一下子湧入腦海。他在車上跟弟子們講起了姜爰的遭遇，告誡弟子們，業醫之人必須心無雜念，倘若汲汲鑽營，唯名是求，那就是害了病人，也害了自己。子輿心領神會，羞愧地低下了頭。秦越人短短幾句話，有如春風化雨，潤物無聲。從此以後，子輿牢記老師的話，在醫術上兢兢業業，嚴格要求自己，後來也成為一位名醫。

　　馬車到了相府門口，公子無恤早已吩咐過門外值守的衛士，秦越人一到，不必通報，直接將其引入。

秦越人快步走進臥室，靠近趙簡子的病榻，仔細觀察了他的臉色，又俯下身子細聽他的呼吸聲，最後拉出病人的左手，用三根手指幫他切了脈。他眉頭緊鎖，沉思良久 —— 脈象雖然虛弱，還好不是死脈。

　　秦越人又向趙簡子的家臣和家屬們詢問了發病過程和起居習慣，了解到晉國現在政治鬥爭非常激烈，再加上剛才的脈象，心裡大概明白了幾分。他斷定趙簡子只是思慮過度導致氣血不暢。

扁鵲醫趙簡子

家臣董安于站在一旁，仔細觀察秦越人的一舉一動，連他臉上的細微表情都不放過。又是切脈，又是察看，董安于以為趙簡子一定是得了什麼絕症。他焦急地詢問病人的病情。

　　秦越人說出趙簡子的病情，董安于懸著的心才稍稍放了下來。問到趙簡子何時能甦醒過來，秦越人說，不超過三天。秦越人向眾人解釋，趙簡子的病只是由於平時勞累過度，引起血液循環不暢，才導致暫時昏迷。眾人都如釋重負。扎針、服藥……未來三天，整個趙相府的人都在等待一個結果。

　　到了第三天上午，趙簡子依然狀如死人，公子無恤等得越來越沒耐心，煩躁不安的情緒開始爬上他的眉梢。秦越人信誓旦旦地說，趙相三天之內必能甦醒過來，可如今趙相還是沒有一點好轉的跡象。公子無恤心裡對這個所謂的「神醫」嗤之以鼻。他在大殿裡來回踱步，甚至有些氣急敗壞。

　　下面的大臣久經官場，早都練得跟泥鰍一樣世故圓滑。他們看出了公子無恤的意思，紛紛指責起秦越人。這個說「這個醫生信口開河，白白耽誤了相國三天時間」，那個說「我看這個秦越人徒有虛名」。一時之間，治病救人的秦越人，反而成為眾矢之的，指責聲像潮水一樣湧來。公子無恤的耐心耗到了極點，他發誓今天非得撕開秦越人假神醫的面具，就吩咐僕人把秦越人叫來。

　　僕人正要退下，就聽見趙簡子「咳、咳」咳嗽了兩聲，終於甦醒過來了，時間跟秦越人估算的絲毫不差。

　　在場的人聽到，都激動得淚如泉湧。公子無恤一下子撲到趙簡子身上，喜中帶淚，眼睛一眨不眨地看著父親，生怕父親再昏睡過去。眾人此時紛紛說：「秦先生真是神醫啊！」「是啊！是啊！秦越人果然有起死回生之術啊！」

　　秦越人透過切脈就能精確地診斷出病人的病情，精湛的醫術在晉國引起了不小的轟動。經過秦越人一個月的悉心調理，趙簡子康復如初，舉國歡慶。家臣們向趙簡子轉述了齊國名醫秦越人的診斷，趙簡子對救命恩人充滿了感激之情，對他的高超醫術欽佩之至。他派使者把秦越人請到相府。秦越人兩次來到趙相府邸，心情大不相同。第一次來，前途未卜；第二次來，趙簡子待他如上賓。秦越人昂首闊步走上殿來，趙相早已命人擺好盛宴。

　　等到秦越人落座後，趙簡子端起酒杯，恭敬地來到秦越人面前，躬身向他施禮，用一杯水酒表達對他的感激和敬重。秦越人從不自矜其功，也趕緊端起酒杯還禮。秦越人的平常之心讓趙簡子欽佩不已。秦越人的醫術無人能及，但為人卻如此謙遜，實在難得。趙簡子想要聘請秦越人留在府上業醫，成為一名專為權貴服務的官醫。

　　天下士人逐日奔走，求售於公卿貴族之門，不就是為了

這一天嗎？趙簡子的挽留讓秦越人百感交集，這麼多年在外行醫，風餐露宿，飢一頓、飽一頓的日子居多，但是他始終意志堅定，自從行醫那天起，就立誓以懸壺濟世為務。天下為疾病所困的百姓實在太多了，他怎能留在這裡獨享安逸呢？

秦越人的斷然拒絕，讓趙簡子心中頗為不悅。趙簡子心想：「成為官醫是很多人夢寐以求的事情，當了官醫就能享受榮華富貴。我現在是晉國的執政者，門下不說賢士萬千，也是賓客如雲，多少文士、武將想巴結我，偏偏這個秦越人不把當官當回事！」

但是，看秦越人心意已決，趙簡子頗感遺憾，只好作罷，並以禮相送。為了報答秦越人的救命之恩，趙簡子下令把蓬山（今內丘鵲山，在河北邢臺境內）一帶四萬畝的土地封賞給秦越人。蓬山一帶山脈連綿不斷，盛產藥材，直到今天這裡仍有將近九百種藥草，是一座藥材的寶庫。自古寶劍贈英雄，紅粉贈佳人，以「藥」山饋贈良醫，倒也算是投其所好了。

秦越人連忙起身告辭，背上藥箱離開了趙相府，向著茫茫的暮色中走去。秦越人和弟子們在蓬山寓居了幾年，蓬山成為他的第二故鄉。他帶著弟子們上蓬山採藥，入鄉診疾，幫助很多老百姓解除了病痛。

第五章　醫晉侯驅除瘟疫

傳說，有一天，秦越人要出診，穿過蓬山時迷了路，正好一棵酸棗樹就在旁邊，他就對酸棗樹說：「你要是能幫我指路，我回來以後封你為酸棗樹王。」話音剛落，一條清晰的小路果然顯露了出來。可惜的是，秦越人死後，這棵樹就漸漸枯萎了。人們都說，這棵酸棗樹有靈性，是在為秦越人送行。

後來，宋仁宗封秦越人為「神應王」，這棵酸棗樹也就跟著有了封號。也許因為秦越人是「神醫」，這棵酸棗樹也有了「神性」，它的果實酸棗仁能夠入藥。從此，內丘一帶出產的酸棗仁對神經衰弱、失眠、盜汗具有絕佳的治療效果，享有「內丘棗仁甲天下」的美譽。

秦越人治好了晉國大夫趙簡子的重病，聲名鵲起，其醫者形象也越來越深入人心。傳說，在遠古時期，黃帝有一隻神鳥，名字叫做「扁鵲」，專門用尖尖的鳥喙幫人針灸，生了再重的病，只要被牠啄一下，就能恢復如初。這種神鳥誰都沒看過到底長什麼樣子，誰也說不清楚。人們紛紛說：「秦越人醫術高超，不就是那隻神奇的『扁鵲』嗎？」於是，「扁鵲」就成為秦越人的外號，越叫越響亮，慢慢地，他的真實姓名「秦越人」反倒沒有人叫了。

在今天的蓬山一帶，沿著崎嶇的山路蜿蜒上行，經過幾處村落，就是神頭村。村子四面環山，中間有個缺口，走進去便見九龍河自上而下地流淌，水上架著一座小橋。再往裡

走，就是鵲王廟了。

蓬山盛產藥材，秦越人經常帶著弟子們扎進深山尋覓良藥。可是，他們住在河的北岸，河上原本是沒有橋的，每天過河上山採藥，吃盡了苦頭。方圓百里的百姓都知道蓬山有個名醫，醫術高超，大家都慕名而來。他們看到秦越人每天都要背著簍子蹚水過河，就在河上為他架起一座小橋。蓬山沒有路，秦越人用汗水蹚出一條路。當地的百姓感念他的恩德仁心，就自發地為他開鑿了一條上山的路。

有一年，蓬山一帶夏季連月未見滴雨，遭遇大旱，千里沃野旱成了焦土，莊稼顆粒無收，河水乾涸斷流，人們吃光了草根、樹皮，仍阻擋不住乾旱的肆虐和死神的腳步。一時之間，瘟疫的魔影籠罩了內丘。

感染瘟疫的老百姓，一開始沒有明顯的症狀，過幾天就開始冷熱交替，渾身痠痛，嘔吐不止。老百姓病死無數，餓殍遍野。整個縣城陷入一片恐慌。為了防止傳染，人們只好將死去的親人屍體抬到野地裡草草掩埋了事。這一切，秦越人看在眼裡，痛在心裡。如果不加以控制，任瘟疫蔓延，後果將不堪設想。他和弟子們日夜不停地到蓬山上採藥，然後背著藥材下山熬藥，再到各個村子去散發給老百姓服用。

一連忙了三天三夜，不眠不休。很多病人吃了藥已經沒有大礙，但是還有一部分百姓仍然被疾病折磨，就是多長出

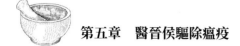

兩條腿，秦越人和弟子們也忙不過來。眼看那麼多百姓因為得不到救治而一命歸西，秦越人心裡急得就像著了火一樣。

秦越人忽然想到一個辦法，他請子陽、子豹到蓬山去採藥，子儀和子容留下來協助他熬藥、分藥，其他人就到各地去把患病的百姓召集到橋上來喝藥，這樣省去了在路上的時間，就能熬製更多的藥，救治更多的人了。弟子們迅速行動起來。

沒過多久，很多感染瘟疫的百姓互相攙扶著來到橋上。秦越人吩咐弟子們將熬好的藥分發給患者，請他們趁熱喝下。越來越多的病患來到這裡，等著喝秦越人熬的藥湯。病患們不但要忍受病痛的折磨，還要忍受頭頂上烈日的曝晒，有的就算不被病魔擊倒，也有可能中暑。秦越人不忍老百姓們受更多的苦，就請幾個弟子在橋頭搭了一間草棚。秦越人還請弟子在山下村子裡各處都灑上藥湯，以控制瘟疫的蔓延。這些藥湯飽蘸著秦越人師徒的仁心和大愛。

第二天清晨，患者們扶老攜幼地來到橋頭，秦越人看他們的臉色比昨天好了很多。他親自將煎好的藥端給病人服用，並依次詢問患者的病情走勢，無論貧富美醜，都一視同仁，日夜守護。附近的百姓們被他的善行打動，都不約而同地過來幫他切藥、端藥。

老百姓都說，秦越人是上天派來的「神醫」，是來拯救老百姓的，他門前的那座橋是「回生橋」，病了只要在橋上

走一走，就能痊癒，像枯木發榮一般神奇。其實，秦越人哪有什麼起死回生的神仙術法，他有的只是解民倒懸的赤子仁心。

熾熱的太陽墜入了山脈，山下的人家升起了裊裊炊煙。秦越人在幫最後一位病人診治完後，隨便吃了幾口飯，伸了一下懶腰，就躺下休息了。不知過了多久，恍惚間，他似乎聽見山後有什麼響動，趕緊撐起身子，尋聲聽去。後山上好像有個女人在哭，聲音弱弱的，時斷時續，那哀戚的聲音在安靜的夜晚顯得尤為淒涼。

秦越人不忍心叫醒弟子們，自己披上外衣來到屋後。他用力往後山看去，但什麼也沒看到。聽起來女人的「嚶嚶」聲就是從那裡傳來的，可是再仔細一聽，哭聲似乎又消失了。接連幾個晚上都是如此。

秦越人跟周圍的鄉親們打聽才知道，原來是後山村裡一戶田姓人家的媳婦在哭。她是個可憐的女人，接連生下九個孩子，可是孩子們都得了「咕嚕風」，夭折了。孩子們接連夭折，讓她陷入了巨大的精神折磨。她丈夫也心痛得捶胸頓足，直說自己家風水不好！一家人原本過得很美好，轉眼就破敗不堪了。

按照當地的風俗，不出百日的孩子夭折後是不能埋葬的，只能丟到山上，任由野狼叼去。田家媳婦因為日夜思念

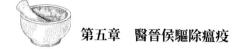

自己死去的孩子，每到晚上就到丟孩子的地方，抱著死去的孩子嚶嚶啜泣。

　　秦越人請弟子們到周邊村子裡走訪，才發現這裡的嬰孩得「咕嚕風」夭折的竟不在少數。母親懷胎十月生下孩子，多麼不容易啊！如今卻因「咕嚕風」眼看自己的孩子夭折，是多麼殘忍的事情啊！秦越人和弟子們決心幫助母親們。他們日夜探索，最終研究出治療「咕嚕風」的方法，幫助很多孩子治好了病。

　　有一天，田家媳婦又生下第十個孩子，她的丈夫特地來請秦越人前去診治，預防孩子得「咕嚕風」。秦越人請孩子家人用清水煮一塊布，放涼後蘸上香油擦拭嬰兒的口、鼻、眼、耳，又將一團棉花燒成了灰，將灰燼塗抹在肚臍眼上，防止肚臍發炎。然後又把蠍子、蜈蚣烤乾碾成粉末，請田家媳婦餵奶時抹在乳頭上，讓孩子連同乳汁一起喝下，排出腸胃裡的毒氣。（本醫方來自古醫書，若有類似病情，具體治療方法請遵醫囑）就這樣，田家的第十個孩子終於保住了性命。

　　這個方法簡單實用，附近村子的人都學會了。從那以後，再也沒有嬰孩因為「咕嚕風」而夭折了。

　　為了感念扁鵲的恩德，在內丘蓬山一帶，人們建立了很多紀念扁鵲的廟宇，歷經千年以後，仍在訴說著秦越人的仁心。

蓬山連綿不斷，與太行山相連，人們為了紀念秦越人的活人之術，就將其中一座最高的山改名為「鵲山」。這樣，在秦越人的家鄉山東濟南，有一座「鵲山」，在他的第二故鄉蓬山，也有一座「鵲山」，南北呼應。扁鵲對病人的關切是沒有邊界的，人們對扁鵲的尊敬和愛戴是相通的。

第五章　醫晉侯驅除瘟疫

第六章
虢太子起死回生

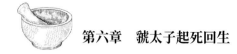

在扁鵲生活的年代，齊、秦、楚是爭霸大國，夾在它們中間的魯、宋、衛等小國，無不艱難地生存著。秦越人和弟子的足跡幾乎遍布黃河流域沿岸國家。

宋國地處晉、吳、齊、楚的交通要道，都城在睢陽，也就是今天的河南商丘。它的疆域最大時期包括山東西南部、河南東北部、安徽北部和江蘇西北部。宋國與齊國交界，它雖然只是個小國，但在四海之內，卻是第一等諸侯國。當初周天子分封列國，把列國分為公、侯、伯、子、男五等，還有一些國家是周朝的附庸，比如秦國。

殷商之後，周武王滅商，商紂王在自己建築的鹿臺上舉火自焚而死。周天子把殷商後裔分封在商朝的國都朝歌附近，是為宋國，它的等級為「公」，是天下諸侯國中第一等的國家。

秦越人帶著弟子們來到宋國住下，並為宋國的百姓治病。可是，他沒想到，他們來到宋國沒多久，就遇到了極大的阻力。宋國很保守，巫醫的勢力非常強大。但是，秦越人卻像一個「楞頭青」，要跟當地勢力根深蒂固的巫醫鬥爭，斥責巫術是害人的把戲。結果可想而知，他們遭到巫醫的強烈排擠。

更要命的是，他們得罪了宋國的國君。在當時，醫生的地位非常低下，醫生在行醫時無不戰戰兢兢。宋國對他們來

說，已是危機四伏。秦越人懂得「留得青山在，不怕沒柴燒」的道理，知道在宋國無論如何也待不下去了，只能帶領弟子們倉皇出逃。

一路的顛沛流離時刻考驗著每一個人，弟子們開始動搖了，懷疑追隨老師游醫的意義。他們盡心盡力地治病救人，不但得不到人們的理解，反倒給自己招來禍事。

他們一連奔波了十幾天，秦越人那密而深的額頭紋理，難以掩蓋這麼多天的疲憊，但他瘦削的面龐卻折射著堅毅與執著。秦越人面無憂色，眼神十分篤定。秦越人跟弟子們講起魯國孔丘的故事，逃亡並不丟臉，如果是為了醫者大道，那又有什麼可怕的！春秋時期的孔丘周遊列國的時候，也是歷經坎坷。也許是歷史的巧合，孔子和秦越人都在宋國遭遇險境，孔子還差點丟了性命。當年孔子帶著一眾弟子，從衛國到了曹國、宋國和陳國，那狼狽的樣子「纍纍若喪家之犬」。此時的秦越人師徒頗有「同是天涯淪落人」之感。

秦越人知道醫術無邊、醫海無涯的道理，在大千世界裡，他們學到的知識只不過是滄海一粟。作為醫者，應該孜孜以求，探索良方。他希望弟子們能夠不驕不躁，以「無知」的胸懷畢生探求。他之所以帶著弟子們游醫列國，就是要從古人留下來的祕傳醫方裡走出來，到大千世界跟老百姓學習。民間是個巨大的寶庫，在游醫的過程中，他們拓展了

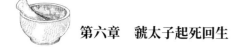
自己的視野，蒐集了很多寶貴的古藥、古方，遇到了很多珍奇的醫學案例。

秦越人師徒在宋國出師不利，來到衛國更是不順遂。先秦時期的衛國，大體上包括今天的河南北部和河北、山東的部分地區。出外游醫不是一件容易的事，拋家失業不說，想在一個陌生的環境裡立足，就必須盡快讓人們知道自己的醫術。但是，與遊方醫生比起來，當地人更願意相信本地醫生。這就替秦越人師生行醫製造了不少困難。

怎麼辦？秦越人告誡弟子，不要等病人找上門來，無論多麼偏僻，路多麼難走，都要主動上門幫病人診治。

有一天，秦越人和弟子們行醫經過一條狹窄的小巷子。他們遠遠地看到一大群人將小巷子圍得水洩不通，隱隱約約還聽到了嘈雜的哭喊聲。

子陽攙扶著老師擠進去，才知道原來是一個少年連日來高燒不退，臉頰通紅，額頭滾燙，還不時地說些胡話，病得快不行了。他的父母已經差人去請醫生了，得過一會兒才會到。

秦越人發現少年已經出現身體抽搐的症狀，情況已十分危急。對重症患者來說，時間就是生命。秦越人伸出三根手指幫少年切脈，診斷出少年雖然耽誤了治療，但還是有救活的希望。

他轉頭吩咐子陽打開針包，子陽取出針來，遞給老師。秦越人正要幫少年扎針，沒想到卻被少年的父親一把推開。原來，少年的父親根本不相信秦越人，他說已經幫兒子請了一位良醫，醫生很快就會來家診治。圍觀的鄉鄰不明就裡，也都跟著推波助瀾。秦越人一再地對少年的父親解釋，孩子病得很嚴重，再拖延下去就會有生命危險。但是，孩子的父親鐵了心，不讓他碰自己的孩子。不容秦越人多說什麼，村民們就將他們師徒趕了出去。

　　秦越人是個虛心向學的人，他想：「山外有山，醫海無涯，不知道他們請的是何方神醫，如果真有濟世良術，那我一定要拜他為師，虛心地向他請教。」想到這裡，他不由得對這個人人稱讚的良醫充滿了期待。

　　大約過了兩個時辰，「良醫」終於姍姍而來。原來不是什麼藥到病除的杏林高手，而是一位巫醫。

　　據說，這位巫醫赫赫有名，當地人都尊稱他為「靈巫」。只見「靈巫」熟練地擺放各種祭品，然後失心瘋一般又唱又跳，絮絮叨叨地說著旁人根本聽不懂的咒語，一會兒轉著圈搖搖擺擺，一會兒嘴裡嘀嘀咕咕。

　　少年的父母虔誠地磕著頭，把頭都磕破了。門外看熱鬧的善男信女們也都伸長了脖子，等著奇蹟的發生。他們似乎都很相信，要是少年病好了，就是神仙保佑；要是治不好，

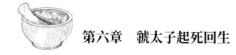

那也是命中注定的事。

　　靠玄乎其玄的作法就能救命，這不是無稽之談嗎？秦越人看在眼裡，也只能急在心裡。他雖是位醫生，也沒有更好的辦法讓老百姓放棄巫術轉而相信醫學。

　　看著靈巫跳大神，子越急得像熱鍋上的螞蟻，再這麼胡鬧下去，這位可憐的少年就沒命了。秦越人知道性命攸關，他不能再等下去了，走上前去阻止這場滑稽的鬧劇。他厲聲斥責靈巫不懂醫術，卻打著神術的幌子對付病人，治活了就名利雙收；治死了算是病重難醫，不知道有多少無辜的病人死在他們的手裡。靈巫見有人質疑自己的權威，眼神裡開始露怯，再一聽口音，是個外鄉人，衣衫襤褸的，腳上穿的鞋子破得都露出腳指頭了，於是又硬氣起來，毫不客氣地把秦越人痛罵一頓。

　　少年的父親鬼迷心竅，以為靈巫代表病家向上天說說好話就能得到神的垂憐。他哪裡知道，自己兒子的生命正在一點一滴地流逝。

　　秦越人無可奈何，拂袖而去。他們來到衛國不長的時間，就對這裡的醫療環境有了大體的了解。當地人很迷信，往往把迷信和醫學混為一談，生了病寧願相信靈巫，也不相信醫生的醫術。

　　幾天以後，秦越人聽說，那位病重的少年當天晚上就死

了。那個能夠通天達地的靈巫法術「失靈」，並沒有救回少年。他害了一條人命，卻心安理得地收受了豐厚的酬金，揚長而去。

秦越人眼睜睜地看著一條鮮活的生命就這樣沒了，心裡很悲慟。他無數次責備自己，當初要是能跟那個虛妄不實的靈巫據理力爭就好了。巫術不除，醫學就不可能昌明。這個少年的死，深深刺痛了秦越人。哀傷，像一塊巨大的山石，重重地壓在他的胸口上。

秦越人的偉大之處就在於，將醫學視為科學，用理性的態度去看待病症。但是在春秋末期、戰國初期，雖然思想得到大解放，可是，自遠古時期就遺傳下來的巫術信仰，已經化為文化基因，融入人們的骨髓之中。巫術和醫學混為一體，醫生往往也是巫師，看病的過程充滿了濃厚的巫術色彩。秦越人主張破除巫術，將巫術從醫學中踢出去，他的這種前衛思想，在當時的人們看來簡直就是胡鬧。

秦越人所進行的不是單純的治病救人，而是一種醫學改革。這似乎是無可奈何的事，不單單是宋國、衛國，其他國家也是如此，人們約定俗成一般，把生命交給靈巫，醫界基本上成為巫家的道場。別說普通百姓了，上層統治者也篤信神靈巫師。各諸侯國都設立「太卜」一職，掌管占卜事務。據說，有一次，趙王生病，就命令他的太卜占問生病的原

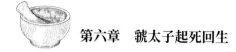

第六章　虢太子起死回生

因。太卜占卜後，向趙王匯報說大王的病是因為侵占了周天子的祭地，惹怒了神靈，所以才降下禍殃，給他一個警告。一番「定論」嚇得趙王趕緊歸還了侵占的土地。

人們好像完全湮沒在迷信之中，理性之光被濃霧罩住。秦越人要做的，不就是帶著弟子們為人們點亮理性嗎？在衛國逗留了一段時間後，秦越人立即動身，北上來到虢國，那個即將讓他名聲大噪的地方。

虢國是個小國，面積狹小，它的位置在今天的河北南部和河南北部的交界處。在禮崩樂壞的春秋後期，虢國處在各大國的夾縫中，毫無存在感。它的國君和太子守著可憐的祖宗基業，艱難地維持著貴族的體面。

虢國國君年過六旬，膝下只有一子，將他視若掌上明珠。可如今，一場巨大的不幸降臨到了這個小國和老國君的頭上。

前段時間虢國太子經常頭暈，起初以為是睡眠不好引起的，就不太當一回事。那天，夜色漸濃，太子宮裡燭火通明。虢國太子像往常一樣捧著一冊書，讀得興味盎然，不覺已至次日黎明。他剛端起一杯茶，突然臉色發青，全身顫抖，手裡的水杯掉在地上，「通」的一聲就倒在了几案上。

老國君急忙宣太醫前來診治，眾太醫都說太子水漿不入，已經氣絕而亡了。突如其來的噩耗，猶如晴天霹靂！老國君怎麼也沒想到，年輕的兒子會離他而去！老國君無法接

受這個冰冷的現實，他抓著太醫的手，老淚縱橫，祈求他們再想想辦法，淚水從他深深的皺紋裡滑過。

眾太醫也都抹著眼淚，無奈地搖了搖頭。

等到入殮的時候，老國君捨不得唯一的兒子就這樣撒手而去，遲遲不肯讓太子的屍首入殮。列位臣工見了無不動容，紛紛拭淚。

一踏進虢國城門，秦越人就感受到空氣中瀰漫著一種悲戚的氣氛。街市上顯得非常冷清，店肆都關門閉戶了，路上稀稀疏疏的行人，每個人都面帶愁容，幾個人聚在一起低聲說話，不知在談論些什麼。

秦越人心中納悶，忙拉住一個人打聽，才知道原本虢國太子好好的，突然氣絕身亡了。一國無論大小，太子去世都是震動朝野的事，連僻陋鄉野都已經傳得沸沸揚揚。

經驗豐富的秦越人聽了人們的議論，心裡已經有譜了。虢國太子死得突然，其中必有蹊蹺。他帶著子輿等弟子火速馳往虢國王宮探視。

子輿趕緊拉住老師，說：「主動上門幫人看病，這不是自尋煩惱嗎？」自古以來，在醫界一直有「醫者三戒」之說，即醫不自治、醫不叩門、醫不戲病。「醫不叩門」說的是醫者不能主動上門去幫人看病，哪怕生病的是自己的友鄰親朋，畢竟人人都有「諱疾忌醫」的心理。可是，秦越人根

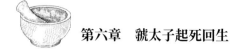

本顧不得古訓，他一心只想救人性命。

虢國宮門口，辦理喪事的人熙熙攘攘，秦越人好不容易說動守衛，請他找來主管王宮事務的中庶子。中庶子平時喜歡看方技之書，對醫學也略知一二。他聽守衛說宮門口來了一位外鄉人，能夠救活太子，心中半信半疑。他來到宮門口，抬頭一看，竟是一位塵土滿衣衫的外鄉人，看他的相貌也不像身懷絕技之人。

秦越人開門見山地詢問太子的「死因」，中庶子自認為通曉醫術，就在秦越人面前賣弄起來，說太子血氣不和，血氣交錯，宣洩不出來，暴發於外；精神不能遏制邪氣，邪氣蓄積而不得宣洩，因此陽緩而陰急，突然昏倒就死了。

聽了中庶子的描述，秦越人當下立知，太子這是假死之狀。如果時間來得及，還有得救。接著他又詢問了太子死去的時間。中庶子悲觀地告訴他，從今早雞鳴時分到現在，大概有四、五個時辰了。連太醫們都說已經沒救了，難道眼前這個人還能讓朽木逢春嗎？

後來得知太子還沒有入殮，秦越人趕緊請中庶子帶他進宮為太子治病。中庶子驚得目瞪口呆，他從來沒有聽說過起死回生的事，他將信將疑。

秦越人看他不相信自己，心急如焚，催促他趕快進去通報。

沒想到中庶子不敢貿然帶他進宮，不疾不徐地跟他討論起上古時期的名醫俞跗來。上古時代，有個名醫叫俞跗，他幫人治病不用湯藥，也不用針砭和推拿按摩，就能看出病症所在。他循著五臟的穴位，割開肌膚，分理結筋脈，能用手挑動腦髓，去掉進入膏肓的痼疾，浣洗腸胃，漱滌五臟，培養病人的精神，改變病人的形態。秦越人心裡明白，中庶子是怕他自討沒趣。像俞跗這樣的名醫，是不世出之人。秦越人要是能有俞跗那樣神奇的醫術，那太子就有希望了；但如果他誇下海口，又救不回太子，豈不是自找麻煩？

　　秦越人告訴中庶子，其實看病沒有那麼複雜。他看病，不需要幫病人切脈，察看臉色、聽聲音、觀察病人的體態神情，就能說出病因所在。所謂「見病知源」，知道疾病外在的表現，就能推知內在的原因；而知道疾病內在的原因，也能推知外在的表現。人體內有病會從體表反映出來，據此就可以幫千里之外的病人診斷出疾病。決斷的方法很多，並不是只停留在一個角度看問題。

　　接著，他又言之鑿鑿地說，太子現在並沒有死，他的耳朵還有鳴響，鼻翼還在搧動，要是順著兩腿之間去摸股溝處，那裡應該還是溫熱的。

　　中庶子越聽越覺得此人不可小覷，就急忙返回宮裡。他走到停放太子屍體的床前，按照秦越人所說，俯耳到太子身

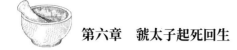

邊，發現耳朵裡果然有響動，用兩個手指輕輕地靠近太子的鼻子，能感覺到還有很微弱的呼吸，鼻翼也在微微地搧動，大腿內側也還有餘溫。

中庶子先前的疑慮一掃而光，他連忙跑到老國君那裡，將秦越人的話一字不差地稟報。老國君聽說兒子還有希望，立刻從失魂落魄中清醒過來，傳令百官隨他一起到宮門口迎接神醫。

經秦越人一番解釋，眾人才明白，太子的病俗稱「假死」。這種病是陽入陰中，脈氣纏繞胃腑，經過陽維和陰維的經絡分別下行，進入三焦、膀胱，所以陽脈不行，陰脈上爭，於是氣閉而不通。上有絕陽的脈絡，下有破陰的赤脈，陰破陽絕，臉色蒼白，四肢僵硬，所以猛地看上去形體安靜，就像死了一樣。其實太子只是失去了知覺，並沒有真的死去。

聽說兒子並沒有死，國君的臉上頓生喜色。國君立刻帶著秦越人和其弟子們向太子宮走去。

秦越人伸出三根手指摸太子寸口上的脈象，聚精會神地體察病人的脈象變化。大約過了一炷香的工夫，秦越人長吁了一口氣，吩咐子輿快取針來。秦越人為太子針灸了幾個穴位。扎完針後，秦越人請弟子子容、子豹按摩太子的四肢、胸、腹、頸等部位，疏通經脈。

扁鵲醫虢國太子

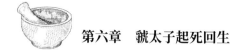

第六章 虢太子起死回生

片刻之後，虢國太子的手指輕輕地動了一下，緊閉的雙眼微微翕動著，慢慢地從昏沉中甦醒過來，逐漸恢復了意識。

看到兒子活了過來，國君老淚縱橫，一下子撲倒在太子身上。

秦越人又請弟子子豹準備能入體五分的藥熨，再加上八減方的藥劑混合煎煮，交替在太子兩肋下熱敷。過了一會兒，太子便能坐起來了。

國君深深地給秦越人鞠了一躬，連續稱讚秦越人「高義」。秦越人也趕緊回禮，治病救人是醫生的本分，他從不敢受病人大禮。正是這份平常之心和謙卑之念，成就了他「神醫」的大名。

經過二十天的內服、外敷和按摩護理，太子的陰陽、氣血慢慢地就被調理順暢了。太子身體康復如故，整個人看起來神清氣爽。

秦越人讓虢國太子起死回生的事跡傳遍了大江南北，天下人都說秦越人是「神醫」再世，有起死回生的高絕醫術。據說，自從秦越人治好了虢國太子以後，民間就有了人死後要停屍七天的習俗。在醫學還不昌明的古代，人們不能鑑別一個人是真死還是「假死」，這個習俗也確實挽救了許多人的性命。

看到虢國太子身體恢復了健康，秦越人和弟子們商量著該離開了。秦越人不願讓國君和太子興師動眾地相送，於是，在一個清晨，他帶著一眾弟子不辭而別了。

　　弟子們對老師的淡泊名利也都習以為常，可是連基本的送別都不要，讓人不解。其實，這也是秦越人用心良苦之處。他想透過這樣的方式，讓弟子們明白，行醫之人應該保持實事求是的科學態度，和嚴謹的醫者風範，人前的擁簇和掌聲會讓人迷失方向。世上哪有什麼「神醫」啊！任何人都沒有起死回生之術，一個人要是真的死了，就是神仙也無能為力。虢國太子本身就沒有死去，他只是「假死」，秦越人所做的就是讓他恢復健康罷了。

　　一行人來到鄭國境內陽城（今登封）石淙山下，正值雨季，大水從上游直洩下來，潁河水位暴漲。河道水流湍急，臨河村上的幾個孩子正在河邊追逐嬉戲，一個七、八歲的孩子，不慎滑了一跤摔倒了，正好倒在岸邊的斜坡上，失足滑進了河裡。一眨眼的工夫，孩子就被一個浪頭捲走了。

　　岸上一群大人一面順著水流追趕，一面高聲呼喊救人。河道裡那個孩子在水中一浮一沉，痛苦地掙扎著。孩子的父親看到兒子落水，不顧一切地跳進河裡，翻滾的漩渦好幾次把他捲進水裡，又把他旋出水面。他不知從哪裡來的力量，猛地向前撲去，奮力向不遠處的孩子游過去。眼看兒子就在

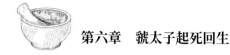

眼前，他一把抓住孩子的衣服。

　　在河面較寬的地方，水勢平緩下來。孩子的父親抱住孩子，使盡全身力氣游到岸邊。眾人在岸上伸出雙手接應，合力把父子倆搭救上來。可是孩子的肚子已經漲得圓鼓鼓的，呼吸也停止了，躺在地上一動不動，任憑他父親跪在地上撕心裂肺地哭喊他的名字，也沒有反應。孩子的母親一屁股跌坐在地上，號啕大哭，肝腸寸斷。鄉親們扶起她，抹著眼淚勸她人死不能復生，千萬要想開，還是幫孩子料理後事吧！

　　正巧秦越人帶著子陽、子豹等弟子路過這裡。聽說一個孩子溺水死了，子陽趕緊喊著「讓一讓」，鄉親們聞聲讓開一條道。秦越人來到孩子身邊，看到孩子臉色青紫；又把手放在孩子鼻子上，已經沒有呼吸了；又試了試心臟，心跳也停止了；最後幫孩子摸了摸脈，竟然還有極其微弱的脈搏。「孩子還活著！」他大喊一聲。秦越人立即把孩子的嘴掰開，再將孩子的腰托起，脊背向上，頭朝下，放在子豹的肩上，請他背起快跑。孩子的父母不知道他們在做什麼，正要阻攔他們，就看見水從孩子的嘴裡不斷倒出來。孩子的肺和胃裡積滿了水，倒出來，孩子就有救了。

　　秦越人又請子豹把孩子放下，仰面平臥，兩手握住孩子的兩臂，屈身擴胸，按摩心臟，又讓孩子俯臥，用手反覆擠壓背部，使胸部張縮，空氣自然進入肺部。不一會兒，孩子

的臉色恢復了紅潤。秦越人請孩子的父母拿乾衣服給孩子保暖，又請子陽煎湯藥給孩子調服。

　　鄉親們都盛讚秦越人有起死回生的本領，是救命的「活神仙」。從此，秦越人聲名大噪，各國都請他去講學。無論走到哪裡，來求他看病的人都排成長隊。相反，那些專門靠巫術騙錢的巫醫們，看病的人寥寥無幾。

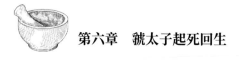

第六章　虢太子起死回生

第七章
人外有人求诸野

第七章　人外有人求諸野

　　成功來得似乎很突然，潮湧般的掌聲慢慢將秦越人淹沒，一時之間他有點得意忘形了。趙國一個得了不治之症的老漢，狠狠地讓他上了一堂課。

　　秦越人帶領弟子來到趙國都城邯鄲（今河北省邯鄲市），在市區找了一家旅館安頓下來。邯鄲郊外有位老漢腹痛難止，花光了家裡的積蓄，也無法治好病，無奈之下家人只好幫他準備好棺材，等著料理後事。從那以後，老伯整日神思渙散，對疾病的恐懼就像一顆毒瘤，在他的心裡安營紮寨，日漸滋長。

　　有一天，老漢聽說鼎鼎大名的「神醫」秦越人來到了趙國，坊間傳聞，他把虢太子從死神手裡拉了回來。抱著一線希望，老漢找上門來，請秦越人為他診治。

　　一見到秦越人，奄奄一息的老漢如遇救星，「撲通」一聲跪了下去，懇求「神醫」救救他。

　　秦越人見他雙手捧腹，痛得難以自持，額上汗如豆大，趕緊上前將老漢攙扶起來。老漢臉色暗青，眉眼之間布滿愁容。秦越人先舒緩他恐懼哀傷的情緒，讓他穩定下來以後，幫他切脈診斷。秦越人沉思片刻，判斷老伯的病情已經侵入內臟，無藥可救了，最多只能再維持一個月。他很遺憾地告訴老伯這個結果，要他想開點，回家安排後事。老伯原本還滿懷希望，沒想到連「神醫」都幫自己下了死亡通知書，內

心萬分沮喪。

　　老漢失魂落魄，跟跟蹌蹌地走在回家的路上。一位白鬍子的農夫見他六神無主的樣子，趕緊叫住他。問清緣由之後，農夫哈哈大笑，告訴他一個祕方，請他照著方子去做，病就能治好。一聽自己還有救，老漢頓時喜極而泣，淚如泉湧，趕忙向農夫跪謝。

　　老漢想，死馬當活馬醫，能多活一天是一天。於是，老漢回到家以後，遵照農夫的話每日服藥。三個月後，他竟然奇蹟般地痊癒了。他不停地跟老伴說：「白鬍子農夫比『神醫』還神哩！」

　　真是「無巧不成書」，三個月後，秦越人在邯鄲城裡老遠看見一個擺攤賣菜的老漢，他覺得此人很眼熟，彷彿在哪裡見過。那個人也看見秦越人，就過來跟他打招呼。秦越人這才想起，他就是三個月前那位被自己下了死亡通知書的老漢！他不但沒事，而且還生龍活虎，根本不像有病的樣子。難道自己「失手」了？秦越人滿臉驚愕。

　　老漢原原本本地告訴了他事情的來龍去脈。明明已經病重難救了，怎麼可能吃了三個月的白梨，腹痛就慢慢減輕，最後還奇蹟般地痊癒了呢？按說他知道的奇珍異方也不在少數，竟不知世上還有這種簡便討巧的醫方。他向老漢請教這服奇方的主人。若世上有此等高人，他想拜這位高人為師。

秦越人感嘆，人外有人，天外有天。生命是有限的，醫學知識卻如同浩瀚的汪洋大海，無涯無際。自己剛剛泛舟駛進醫海，就志得意滿，殊不知，前方還有廣闊的未知領域，等待自己去探索、鑽研。老漢告訴他「高人」在龐家莊。

秦越人一心求醫，不到日落就來到了龐家莊。街上有幾個孩子在玩，秦越人跟他們打聽後才知道，農夫住在村子的西北角。原來，農夫懂得一些藥草知識，知道一些方子，在鄉下能幫人治病。

小孩子把他帶到農夫家門前。見柴門沒關，秦越人就徑直走了進去。農夫正在院子裡晒草藥，小院裡瀰漫著一股淡淡的中藥味。有些藥材是常見的，如白朮、菊花、黃連等，還有一些是他沒有見過的，這讓他大開眼界。

秦越人心裡的驚喜真是無法形容。好不容易遇到這樣的高人，他下定決心，一定要從高人這裡學到些什麼。

農夫見有陌生人進來，就停下手中的工作，上下打量了一番這個不速之客。秦越人不敢報上自己的真實姓名，謊稱自己是個外鄉人，聽說他醫道高絕、用藥奇特，對他的醫術仰慕已久，今日特來拜師學醫。

農夫一聽，哈哈一笑，說自己又不是醫生，也沒有那麼大的能耐，請秦越人另請高明。說完就把秦越人晾在一邊，農夫自顧自地去忙了。

秦越人一直恭恭敬敬地站在院子裡。到了晚上，農夫見秦越人還沒走，心想：這人態度誠懇，有耐心，有心學醫，說不定是個可塑之才。於是農夫就決定收他為徒，悉心調教。

秦越人每天跟著白鬍子農夫晒藥，辨識藥材。農夫不忙的時候，就帶著秦越人上山採藥，一邊採藥，一邊告訴他這藥的特性，用來治什麼病，對一些常見的藥材，還會告訴他特殊的用法。藥草的產地和生長時間不同，藥性也不一樣，所以醫生開藥務必要注意這一點，這樣才能發揮好每一味藥的藥效。跟在農夫身邊幾年，秦越人學到了很多醫書上沒有的知識，醫道有了很大的進步。農夫認為秦越人已經學有所成，自己沒什麼可以教的了，就把秦越人叫到身邊，要他去懸壺濟世。

秦越人對老師的悉心培育萬分感激，他跪在農夫面前，連磕了三個響頭。可是，一說要下山行醫，他卻惶恐起來，覺得自己學問不夠、醫術不精，還不足以擔當懸壺濟世的重任。

農夫欣賞的就是秦越人這種謙卑好學的態度，直言他的醫術已經比那個浪得虛名的秦越人強多了。秦越人聽了尷尬地笑了笑。他原本想隱瞞自己的身分，如今分別在即，就向老師道出了自己的真實姓名和來拜師學醫的初心。

　　白鬍子農夫沒想到當世「神醫」竟然能夠屈臨陋舍，不恥下問，不由得對秦越人刮目相看，更加敬重了。白鬍子農夫囑咐秦越人，想要什麼疑難雜症都能手到病除，僅憑現有的醫術遠遠不夠，還應該多鑽研醫典，探求良方。

　　長桑君將秦越人領進了醫學的大門，而農夫又教會了他博大精深的民間醫學知識。帶著農夫老師的贈言，秦越人踏上了新的征途。

　　秦越人忙著在蓬山一帶採藥草救人，已經忘了那個因他而起死回生的虢太子。虢太子自從到鬼門關走了一遭後，回憶往事，恍如一夢。他決心追隨秦越人，將餘生奉獻給醫學事業和天下蒼生。

　　虢太子把自己的真實想法告訴了父親，父親和文武大臣都極力反對。無奈他心意已決，父親也只好隨他去了。

　　虢太子向沿途老百姓打聽秦越人的蹤跡，得知秦越人前往趙地去了。於是，他馬不停蹄地趕往趙地。

　　一天，秦越人出診剛回到家裡，正吩咐子陽他們把晾晒的藥材收起來，突然發現一個少年出現在茅屋前。虢太子一見到秦越人，就「撲通」一聲跪下。秦越人和弟子們驚愕不已，不知道眼前這個一身泥水、狼狽不堪的少年，是何來歷。

　　虢太子抹去眼淚，哽咽地表明自己就是被他救活的虢太子。秦越人請弟子幫他擦乾雨水，換身衣服。收拾停當後，

虢太子再次跪在秦越人面前，急切地向秦越人表明，自己想拜他為師的意願。秦越人毫不遲疑地拒絕，心裡有自己的考慮：當醫生哪是那麼容易的事，虢太子過慣錦衣玉食的生活，以為隨便讀幾本醫書就能成才，醫學這一行當，是學如牛毛，成如麟角，他哪能吃得了這份苦。

虢太子看秦越人不收自己，就長跪不起，苦苦哀求。虢太子執意要拜秦越人為師，一則有報恩的意思，正所謂「生我者，父母也；活我者，扁鵲公也」；二則，他也為秦越人精湛扎實的醫術和科學嚴謹的精神所折服，對秦越人懸壺濟世的人生方向非常敬重，也想當一名良醫，去幫助更多的人。

秦越人看虢太子意志堅定，也被他的誠心所感動，就決定收他為徒。他捋著鬍鬚，告誡虢太子，當醫生容易，就算是庸醫，也能養家活口，可是，想當一個良醫就沒那麼容易了，良醫是用藥把人治好，而庸醫是用藥把人毒死。行醫之人要時刻警示自己。

虢太子重重地點了點頭，他知道秦越人說這番話就等於收下自己了，忙向秦越人恭恭敬敬地行了拜師之禮。

民間都說，讀三年醫書，就覺得自己醫術高明，天下沒有治不了的病。但是這句話後面還有一句，是說等到治病三年後，才知道天下沒有一成不變的藥方。學醫可不是隨便讀幾本醫書就可以的。學醫須讀萬卷書，行萬里路。不僅要記

數不清的藥名，還要親自到山溝野谷裡去採藥草、挖藥石，辨識形形色色的藥材，有時還需要親自嚐藥。幫病人治好了病，可能會遭到同行的嫉妒；要是治不好，更會遭到人們的唾罵。

虢太子拜秦越人為師，如同走上了一條沒有路的路，腳下的每一塊磚都得靠他用勤奮和汗水去鋪就。

秦越人幫人看病時，虢太子就守在旁邊，仔細地看，靜靜地聽，默默地記在心裡。虢太子以前從沒有接觸過醫學典籍，讀起來有點吃力，所以，他就比其他的師兄們更加勤奮。晚上躺在床榻上，將老師當天看病的診斷反覆進行思考。他勤奮學習，如痴如醉地捧著醫學典籍，孜孜以求，讓秦越人頗感欣慰。這也是後來秦越人離開蓬山遠遊，卻把虢太子留下行醫的原因，他目睹了虢太子的成長和進步，對他的醫術很有信心。

傳說，有一天，秦越人帶著虢太子像往常一樣在山間採藥。走到一條小河邊時，虢太子突然腹痛不止，在地上打滾，號哭的聲音幾近嘶啞，面色也由青紅轉為青紫。秦越人把手搭在虢太子手腕處，一切脈，得知弟子得的是絞腸痧。環顧四周，一條小溪從山上蜿蜒垂了下來，溪邊有一平展的大青石，長三公尺，寬兩公尺，厚一公尺多，宛如一鋪方正平坦的石炕。秦越人趕緊把弟子扶過去躺下。

手術石

絞腸痧痛起來非常厲害，就像孫悟空鑽進肚子裡大翻筋斗，令人肝腸寸斷，還有活生生把人痛死過去的。虢太子身體原本就體弱，如果不抓緊時間治療，怕會有生命危險。可是這荒山野嶺的，怎麼做手術呢？秦越人看了一眼清澈的溪水，只好就地取材。

他把大青石當「手術臺」，把清澈的溪水當「消毒水」，取出隨身攜帶的麻醉散給虢太子服下。不一會兒，虢太子就昏睡過去了。秦越人拿出手術刀，找到虢太子腹痛的部位，劃下去，血就從切口處流了出來，流到了溪石上，流進了溪水裡。

秦越人小心翼翼地將病腸從腹腔取出，拿到小溪邊沖洗。忽然，腸子從他手中滑落，隨著溪流打轉流走了。秦越人大驚，趕緊去追，一直追到焦子村東頭的一個山溝，才把腸子撈住。他趕緊捧著腸子往回跑，將腸子放回虢太子腹部接好。虢太子撿回了一條命。此番是秦越人第二次救虢太子的命了。

在秦越人幫虢太子做手術的石頭上，斑斑殷紅的血跡歷

手術石血跡

經兩千多年仍清晰可見。相傳，那是虢太子做剖腹手術時，鮮血流入石間所致。據說，每逢下雨，大青石下面就會汩汩流出似血的紅水。當地老百姓為紀念秦越人高明的醫術，就把這個替虢太子做手術的大青石叫「手術石」，替虢太子洗腸子的河溝叫「洗腸溝」，撈腸子的河溝叫「撈腸溝」。

　　秦越人在蓬山一帶住了五年時間，在此期間，他經常向農人、樵夫、船家等請教，從他們那裡了解到很多藥材的藥效和用法。同時，他還教出了一位得意弟子——虢太子。所以等到後來離開趙地時，他就將虢太子留在蓬山，繼續幫助那些被疾病所困的百姓。

　　秦越人精通內、外、婦、兒、五官、針灸各科，是位醫學上的多面手。他從不將自己侷限於某一專科，而是靈活多變，處處為病人考慮。在史學家司馬遷《史記》為秦越人所作的傳中，秦越人幫達官貴人診治的經典案例很多，難道秦越人是阿尊事貴的醫生嗎？當然不是。時隔兩千多年，我們仍然能從《史記》那簡略的句子「過洛陽，聞周人愛老人，

即為耳目痺醫；來入咸陽，聞秦人愛小兒，即為小兒醫，隨俗為變」中讀出秦越人隨俗為變的光輝和醫者的仁心。

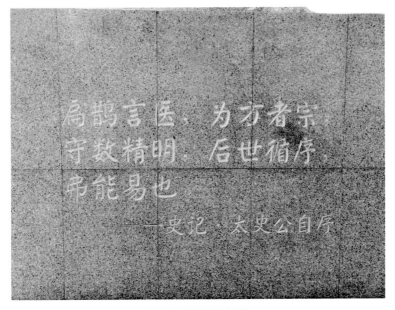

扁鵲言医，为方者宗，
守数精明，后世循序，
弗能易也。
——史记·太史公自序

《史記》對扁鵲的記載

春秋戰國時期，中原各國儘管在文化上同源，共尊禮樂文明，但是所謂「百里不同風，十里不同俗」，人們廬居其間，身體健康也深受影響。秦越人一生行醫，所過之處有兩千多公里，每經一地，他都會認真觀察當地的習俗和人們的常見病症，隨俗為變。治病因地而異，這正是他的高明之處。

秦越人和弟子們在趙國游醫，發現這裡和齊國、虢國的民風很不一樣。趙地歷來是兵家必爭之要地，自古多慷慨悲

歌之士,然而,在這剛強壯懷的文化底色中,亦塗抹著奢靡華麗的斑斕色彩。趙國的邯鄲是當時有名的繁華鼎盛之都,到處都是舞榭歌樓、美女如雲,讓人眼花撩亂。

秦越人和弟子們來到趙國之前,就曾聽聞這裡的女子好歌善舞,以娛富貴人家。「燕趙多佳人,美者顏如玉。被服羅裳衣,當戶理清曲。」這裡處處可聞管弦鐘鼓的聲音,上至君王,下至大夫貴族,都喜歡那些面容姣好、聲音柔美的女子。邯鄲的有錢人,家裡都養了一些歌姬、樂班,只要有貴客上門,主人就請歌姬們以歌舞助興。戰國四君子之一的平原君家裡,就擁有數百名歌姬。

歌姬可以出入貴族之家,只要憑藉傾國傾城的姿色打動主人,就有可能華麗轉身,鯉魚跳龍門。久而久之,趙地就形成了重視婦女的傳統。秦始皇的母親趙姬當年就曾是邯鄲城裡有名的歌姬,豔如桃李,眉目含情,而且歌喉清麗婉轉。秦始皇的父親嬴異人對她一見傾心,趙姬得以入宮,後來成為秦國的王后。

不過,令秦越人揪心的是,雖然趙地婦女透過歌舞侍奉權貴,換來了豐厚的物質回報,但同時她們也是弱勢群體,身體面臨著巨大的傷害,很多婦女都患有婦科疾病,身心遭受病痛的折磨。再加上當地本來就有尊重婦女的傳統,於是,秦越人入鄉隨俗,在邯鄲專注地研究治癒婦科病的良

方，決心幫女子治病解憂。

　　秦越人聽當地人講，山上有一種鳥叫王崗哥鳥。這種鳥習性奇特，晝伏夜出，不吃糧食，而且夜夜啼叫，直到嘴裡出血為止。牠們以血引來螞蟻為食，到了冬天，無法引來螞蟻，王崗哥鳥就以自己的糞便為食。這種鳥還喜歡將窩築在懸崖峭壁上，所以一般人抓不到牠。王崗哥鳥特殊的生活習性，引起了秦越人的注意。

　　一天，秦越人帶著子儀到山上去採集王崗哥鳥的糞便。爬到半山腰，下臨深谷，上載危岩，上下不得，正在躊躇間，一位樵夫擔著兩捆柴從山上走下來。樵夫熟悉這裡的風土民情和草木鳥獸，一聽說秦越人就是遠近聞名的「神醫」，就主動當他的嚮導。

　　向上走的小路越來越陡峭，樵夫帶著師徒二人，攀著樹根和藤蔓，費勁地攀登，不時還有一些碎石從山上墜落下來，在太陽下山以前，他們終於爬到了懸崖上。那裡有幾株松樹，扎根在深深的岩石裡，松樹下面散落許多王崗哥鳥的乾燥糞便。

　　秦越人大喜，請弟子子儀趕快把糞便蒐集起來，帶回去做研究用。趕在太陽收起最後一束光芒之前，他們一行三人下了山。秦越人求藥心切，顧不了休息，帶著子儀連夜去了一個經驗豐富的老獵人家，開口便問糞便是否是王崗哥鳥的

糞便。老獵人捏起一粒糞便湊近鼻子聞了聞，說這確實是王崗哥鳥的糞便。

秦越人後來發現，小鳥糞便對治療婦女大出血有奇效。秦越人將糞便文火加熱，炒至有腥臭味溢出，表面顏色加深時，趁熱噴灑上醋，再炒至微乾，取出放涼備用。（本醫方來自古醫書，若有類似病情，具體治療方法請遵醫囑。）他幫這種藥取了一個好聽的名字 ——「五靈脂」；幫王崗哥鳥取名為「五靈脂鳥」。

五靈脂

在趙國幫婦女們看病，他發現很多婦女患有血虛，就用在齊國煉製的阿膠替婦女們治病。秦越人在趙地停留了幾年，治癒了許多人。

第八章
田齋桓公諱疾忌醫

第八章　田齊桓公諱疾忌醫

　　秦越人師徒一行到了齊國。今天的齊國古都臨淄（今山東省淄博市東北）只是一個普通的北方小城市，然而，在戰國時期，臨淄卻是當時規模最大和最為繁華的商業都會。戰國時，多數國家都被捲入無休止的戰爭中，齊國卻在齊桓公田午的統治下，相對和平。臨淄城建築華麗，店肆林立，南來北往的行人熙熙攘攘，人們的生活過得非常富足。

　　在臨淄西門稷門（今山東省淄博市西邊南首門）之外，齊桓公田午大興土木，一座巍峨的學宮拔地而起，就是歷史上赫赫有名的稷下學宮。田齊桓公禮賢下士，招攬天下的智者、賢士，在這裡高談闊論，聚徒講學。

　　一進齊國都城的西門，秦越人師徒就被壯觀的稷下學宮震撼了。器宇軒昂的賢士們在這裡進進出出，學宮的上空還飄蕩著朗朗的講學聲。他們找了一家旅館安頓下來。

　　秦越人原本是個籍籍無名的小醫生，可是一連醫好了幾個重症患者，更幫趙簡子醫好了病，虢太子也在他手裡「起死回生」，這在各國都引起了不小的轟動。他精湛的醫術、傳奇的事跡成為人們茶餘飯後的話題。

　　如今來到齊國，人們奔走相告。生病的人想找他看病，沒生病的也想一睹「神醫」風采，他們所住的旅館被老百姓圍得水洩不通。

　　稷下學宮的先生們聽說扁鵲如今身在臨淄城，都很興

奮。恰好學宮裡有一個學士是從虢國來的，就把虢太子起死回生的事告訴大家。他講得繪聲繪色，更神化了秦越人的醫術，學士們聽得津津有味。他們決定，請扁鵲到稷下學宮來講學。

第二天，扁鵲帶著弟子們來到學宮。他聽說自己成了無所不能的神醫，就跟稷下先生們解釋，其實自己的眼睛沒有透視功能，並沒有隔牆就能看見東西的本領，至於隔著肚皮就能看見五臟六腑之說，更是無稽之談。

有個學士以為秦越人是謙虛，就請秦越人現場演示隔牆觀物的本領。秦越人哈哈大笑，說自己幫人看病用的是「望、聞、問、切」四診法，透過病人外在的症狀，就能推知病因。所謂望診，就是觀察病人臉色的青赤黑紫，舌苔的黃白厚薄，以及五官的變化，以此來判斷五臟的病變；聞診，就是聽病人發出的聲音、聞病人散發出的氣味，按照五音、五聲呼應五臟的關係，不同的臟器發生病變，會引起不同的聲音，產生不同的異味；問診，就是詢問患者的飲食起居和生活習慣等，知道疾病的起因、癥結和發展的情況；切診，就是掌握脈搏虛實、快慢、浮沉的變化。「望、聞、問、切」同時配合使用，就能判斷五臟六腑的病變情況了。只不過他切脈不同於以往那種複雜的技術，只切寸口就行了。

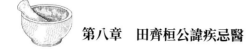

稷下學宮裡的學士最喜辯論，真理往往就在他們的脣槍舌劍中產生。有個學士故意向秦越人請教，既然詢問了病人的病情、感覺和飲食起居等，再進行望診豈不是多此一舉嗎？

其實這是一個醫患關係的問題。有的病人在求醫問診的時候，對醫生的醫術不太信任，他們往往會有意隱瞞自己的病情，來考驗醫生。如果醫生只是聽了病人的反饋，就妄下診斷，那就有可能誤治，不但救不了病人，還會替自己招來不必要的醫療糾紛。所以，就得透過望診、切脈等來進一步判斷病情。

稷下先生們聽後，對秦越人實事求是的態度和精湛的醫術大為讚賞。

次日，學士們被宣到王宮議事，議事完畢後，稷下先生們紛紛向田齊桓公舉薦秦越人，說秦越人是當今世上出類拔萃的醫生，能起死回生。齊桓公田午以禮賢下士而著名，聽說有當世高人到訪齊國，大喜過望，哪有不迎接的道理，於是便派人將秦越人隆重地請進宮中親自招待。

田齊桓公在大殿中擺下宴席，隆重地迎候「神醫」。大殿之上，田齊桓公端坐在寶座上，神態威儀，文武百官和稷下先生分立兩側。秦越人恭恭敬敬地向田齊桓公行禮，田齊桓公見秦越人深施大禮，趕緊從寶座上走下來，以手攙扶，請秦越人入座。

一番寒暄過後，田齊桓公向秦越人打聽列國的見聞，還與他交流了看病的道理。秦越人精於望診，田齊桓公猛地看上去容光煥發，但根據他多年的行醫經驗，田齊桓公皮膚的色澤等已經出現了細微的變化，他的身體早就已經潛伏一種病症，只是病情尚淺，很難為人所察覺，就算病人自己也未必能察覺到身體有恙。

　　秦越人神色不安，心想：要是在病情還不顯著的時候，就告訴田齊桓公他身體有恙，恐怕會給自己招來禍患。但是，出於職業習慣和醫者良心，在談話快要結束時，他毫不避諱地提醒田齊桓公，病兆潛伏在皮膚和肌肉之間，要是及早診治的話還能治好，否則病勢將會深入體內，到那個時候再治可就麻煩了。

諱疾忌醫

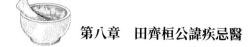

　　秦越人的話很突然，田齊桓公聽了愣住了，臉上的笑容逐漸消失不見，神情嚴肅。國君的身體本是一個國家的最高機密，偶有微恙都可能引起朝政「地震」，如今秦越人公開說國君有病，這豈不是影響朝政嗎？再說，田齊桓公自認身體健康，根本就沒有病，坊間傳聞秦越人是「神醫」，在他看來不過是徒有虛名、自造聲勢罷了！

　　想到這裡，田齊桓公斬釘截鐵地說自己沒病，拒絕了秦越人的好意。秦越人無奈地退了出去，宴會不歡而散。

　　等他走出宮門後，田齊桓公跟文武百官戲諷秦越人沒有醫家風範，跟那些江湖醫生沒有什麼不同，無非是追名逐利，把沒病的人說成有病，故意讓人恐慌，再把一個健康的人治好，當成自己的功勞，他們好從中獲取錢財。

　　大臣們也都覺得秦越人無中生有，如今聽了田齊桓公對他的「蓋棺論定」，紛紛點頭稱是。

　　秦越人一生行醫，閱人無數，像田齊桓公那樣「諱疾忌醫」的人早就司空見慣了。

　　過了五天，秦越人估計田齊桓公的病進一步加重了，如果這個時候去見田齊桓公，或許他就會相信自己之前說過的話，接受治療。本著對病人負責任的態度，他再一次去拜訪了田齊桓公。

　　一進大殿，果然不出所料，田齊桓公的病情有所加重。

但田齊桓公自我感覺神采奕奕，便半玩笑半認真地打趣秦越人前幾日妄斷病情。秦越人知難而進，大膽地說他雖然現在還沒什麼感覺，但是病已經從肌膚滲入到血脈裡了，倘若再不接受治療，恐怕還會進一步惡化。

此話一出，殿中大驚。大臣們紛紛指責秦越人太無禮了，就連稷下先生們也都覺得他有失分寸。

上次碰壁後，田齊桓公以為秦越人會有所收斂，沒想到他還是如此放肆。田齊桓公堅稱自己沒病，嘲諷秦越人不過就是為了名利，一而再、再而三地故弄玄虛罷了。看到田齊桓公勃然變色，大殿裡的氣氛驟然緊張起來，一直站在老師身後的弟子們也都嚇得心驚膽顫。

秦越人憂心忡忡，無奈轉身退了出去。這次會談又不歡而散，一切都在秦越人的意料之中。他心事重重地回到驛館，越想越不安，田齊桓公這樣頑固自負，就是不肯聽從他的勸告，還有什麼辦法呢？

過了五天，秦越人又去見田齊桓公。大殿裡金碧輝煌，顯得桓公的臉色更加暗沉。田齊桓公的病如他之前所料，已轉移到腸胃了，倘若再不接受治療，恐怕將更深地侵入體內。他一如既往地直言不諱。

田齊桓公聽後，怒火凝結在眉頭，一觸即發，索性不再理睬秦越人。

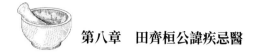

　　秦越人退出去後，田齊桓公生了半天悶氣，也在犯嘀咕：「莫非寡人真得病了？可是，如果真有病，不至於所有的太醫都查不出來吧？」無論如何，秦越人的診斷，在他心頭籠上了一道揮之不去的陰影。

〔四〕〔索隱〕五分之熨：八減之齊有八。案：言五分之熨者，謂熨之令溫暖之氣入五分也。八減之齊者，謂藥之齊和所減有八。並越人當時有此方也。

〔五〕〔正義〕格彭反。

扁鵲過齊，齊桓侯客之。〔一〕入朝見，曰：「君有疾在腠理，〔二〕不治將深。」桓侯曰：「寡人無疾。」扁鵲出，桓侯謂左右曰：「醫之好利也，欲以不疾者為功。」後五日，扁鵲復見，曰：「君有疾在血脈，不治恐深。」桓侯曰：「寡人無疾。」扁鵲出，桓侯不悅。後五日，扁鵲復見，曰：「君有疾在腸胃閒，不治將深。」桓侯不應。扁鵲出，桓侯不悅。後五日，扁鵲復見，望見桓侯而退走。桓侯使人問其故。扁鵲曰：「疾之居腠理也，湯熨之所及也；在血脈，鍼石之所及也；其在腸胃，酒醪之所及也；其在骨髓，雖司命無柰之何。今在骨髓，臣是以無請也。」後五日，桓侯體病，使人召扁鵲，扁鵲已逃去。桓侯遂死。

〔一〕〔索隱〕傅玄曰：「是時齊無桓侯。」臨淄是齊侯田和之子桓公午也。蓋與趙簡子頗亦相當。

〔案〕案：傅玄曰「是時齊無桓侯」，云「謂是齊侯田和之子桓公午也」。

使聖人預知微，能使良醫得蚤從事，則疾可已，身可活也。人之所病，病疾多；〔一〕而醫

〔一〕〔正義〕上菁漫，謂皮膚。

扁鵲倉公列傳第四十五

二七九三

《史記》載扁鵲醫田齊桓公

五天的時間很快就過去了，秦越人不請自來，又去拜會田齊桓公。

　　秦越人走進大殿，向田齊桓公施禮後站定。他先是舉目環顧大殿裡的群臣，又凝視田齊桓公的面容良久。這次他一個字也沒有說，轉身就退了出去。來到宮門口，他毫不遲疑地上馬車，和等候的弟子一起回到旅館。

　　秦越人這次一反常態，沒有繼續糾纏桓公，這讓桓公疑竇叢生，大臣們也都不知所措。桓公想弄清其中的原委，就派使者追來詢問緣故。

　　秦越人如實相告，使者聽出了秦越人的話外之音，大王的病已經無藥可治了。如果疾病在皮肉之間，服用藥劑就能達到治病的目的；如果疾病發展到血脈中，那麼靠針灸和砭石的效力，也能達到治病的目的；如果疾病進一步到腸胃中，那就得用藥酒才能控制病情；但是，病情一旦惡化到不可控的地步，比如深入骨髓，就算是司命之神也無力回天了。田齊桓公的疾病已深入骨髓，秦越人曾經幾次提醒過大王，但是他諱疾忌醫，最佳治療時機已被錯過，所以現在就沒必要再追著為他治病了。

　　回到宮中，使者戰戰兢兢，一五一十地將秦越人的話上報給大王。田齊桓公聽了，心慌意亂，寢食難安。

　　果不其然，五天過後，夜近子時，桓公病入膏肓，一臥不起，躺在床上有氣無力。這時，他才終於相信秦越人，於

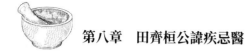

是連夜派人去請。田齊桓公開出天價，只要秦越人能夠治好他的病，他一定重重有賞。

當使者到達旅館時，旅館早就人去樓空了。田齊桓公一下子慌了神，立刻部署兵丁，把守在各個城門口，攔截秦越人師徒，務必把神醫綁來幫自己治病。

只是，他還不知道，秦越人一行早已出了城門，隱沒在無邊的夜幕之中。

從秦越人看出田齊桓公發病，到田齊桓公去世，僅僅二十天的時間。弟子們跟隨秦越人游醫列國，對老師的原則沒有不敬服的。老師一再說救死扶傷是醫生的職責，這一次卻堅持不幫田齊桓公治病，這不是自相矛盾嗎？

弟子的疑問，也曾經困擾著秦越人。他也向長桑君問過類似的問題：「病人的病情嚴重到什麼程度，才是病入膏肓了呢？」長桑君當時沒有直接回答他。他在幾十年的行醫生涯中，慢慢地找到了答案。

人們總是擔憂疾病太多，而醫生擔心的卻是治病的方法太少。疾病千變萬化，有一些病是很難治好的。這些年，他總結出有六種疾病很難治癒。傲慢放縱、不講道理、不聽醫生的勸告，這是第一種治不好的病；看重錢財卻不珍惜自己的身體，醫藥費都捨不得花，這是第二種治不好的病；衣食無度、不加節制，這是第三種治不好的病；陰陽錯亂，五臟

六腑已失去正常功能，這是第四種治不好的病；身體孱弱，連藥都不能服，這是第五種治不好的病；迷信巫術，而不相信醫生，這是第六種治不好的病。這六種情況，只要有其中一樣，恐怕就很難醫治了。

弟子們聽了皆若有所悟。田齊桓公屬於第一種，頑固不講道理，不聽醫生的勸告，這樣的病人不信任醫生，也不跟醫生配合，細微的毛病也會拖成重症。秦越人的「六不治」看似簡單，實則包含著天、地、人的要素在其中。中醫不同於西方醫學，它講究天文、地理和人事三位一體的思維方式。《素問》中也說，「上知天文，下知地理，中知人事」，才是「醫之道」。秦越人尤其重視人事對醫療的影響。

秦越人走後不久，田齊桓公就一命嗚呼了。

秦越人帶著弟子在列國游醫，不僅接觸到各種疑難雜症，開闊了自己的眼界，提高了臨床技術，而且還蒐集到許多珍貴有效的民間良方，他「神醫」的名聲也水漲船高。秦越人所到之處，人們無不感念他的高尚醫德和精湛醫術。今天，在山西、河北等地有很多村落，就是以「扁鵲」這個名字命名的，以此來紀念「神醫」。不過，秦越人經常告誡他的弟子們，不要驕傲自滿，身為醫生，倘若為虛名所累，那就不可能全身心地精進自己的醫術，修養自己的仁心。

跋山涉水間，他們到了魏國境內。此時魏國當政的是一

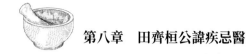

代明主魏文侯，他繼位後把都城遷到了安邑，也就是今天的山西夏縣西北。

魏國地處黃河和淮河兩大水系之間的平原地帶，齊國雄踞東方，西邊以黃河為界，強秦虎踞，南邊是楚國虎視眈眈，北邊又有趙國威迫，四境有強敵環伺，域內又無險可守。魏文侯即位之初，魏國就面臨著重重生存危機。

文侯在位五十年，是一位賢明出色的君主。在與西秦的戰爭中，魏國接連獲勝。他富有遠見，知道列國爭霸中人才的重要性，因此禮賢下士，用人唯賢。他還請他的弟弟魏成子到齊魯大地上以重金尋訪賢者。在魏文侯的統治之下，魏國精英薈萃，名士如雲。他任用李悝變法，使魏國成為戰國時期的強國，開創了魏國的百年霸業。

李悝按下變法的開關，活躍了魏國的經濟。都城安邑街面整齊，商旅林立，人流往來不絕。那生機勃勃的城市氣象和魏文侯雄心勃勃的經國大志相呼應。

秦越人看到這番繁榮的景象，對魏文侯充滿了好感。魏文侯愛才如命，一日，得知「神醫」秦越人抵達魏都，就派人在城中尋訪，邀至宮中一晤。

秦越人和弟子們一進殿，魏文侯馬上起身迎接。秦越人已經年過六旬，又是聲名遠播的神醫，因此魏文侯親自扶他落座，禮敬有加，待如上賓。

魏文侯早已聽說過秦越人的大名，知道他弟子眾多、醫術高超，也知道他還有兩位兄長，也精通醫術。主賓一番寒暄過後，魏文侯直接提出一個刁難的問題，請教他們兄弟三人誰的醫術更勝一籌。

　　魏文侯這是有心考驗秦越人是否謙虛。沒想到秦越人毫不避諱地承認，大哥醫道精深，醫術最好；二哥差一點，而他的醫術是三個人中最差的。

　　秦越人的回答讓魏文侯大吃一驚。他心想：「醫術最差的，竟然名聲最高？難道是因為秦越人善於包裝自己嗎？如果真如他所說，那為什麼他大名鼎鼎，所到之處，人們都誇他是『神醫』，而他的兩位兄長卻好像沒有什麼名聲呢？」

　　秦家三兄弟各有專長，這也決定了各自的名氣截然不同。秦越人的大哥幫人治病，是在發病之前。大哥最擅長養生保健和預防疾病，在病人自己都還沒發覺生病的時候，大哥就診斷出疾病，在人不知不覺的時候，就把病灶提前剷除了。所以，別人也就不認為他有什麼高超的醫術。其實，大哥的醫術，只有秦越人家族內部和那些真正懂醫術的人才知道，是非常了不起的。《易經》中就參透了中醫的奧祕：「無妄之疾，勿藥有喜。」就是說如果得了小毛病，不隨便用藥才是上策。這其中也包含了「治未病」 —— 提前預防的智慧。只可惜，世人看不到「治未病」的意義，病人無知地將

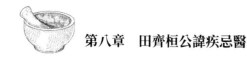

小病拖成大病,醫生也喜好從重症入手,渴望一戰成名。

　　魏文侯興味盎然地聽著,追問他二哥的醫術。秦越人不疾不徐地喝了一口茶,接著講他二哥的獨到之處。二哥治病和大哥有所不同,他是在病症剛露出苗頭的時候,阻遏病情的發展。那時候,病情還不太嚴重,病人自己不著急,也不覺得有多麼痛苦,二哥稍微一用藥,就能把病治好。人們就覺得二哥只會治像頭痛、腦熱等的小毛病。所以,他的名氣也不太大。但其實,他是阻止了疾病進一步惡化,這也是很了不起的。

　　而秦越人治的都是重病患者,病勢如猛虎。病人的病情嚴重,感到痛苦萬分,難以自持,而其家人也都把秦越人當成救命稻草,他們看他幫病人針灸,或在患處敷膏藥,甚至大動手術切除病灶,能讓重症患者轉危為安,逐漸痊癒,所以認為他的醫術神乎其神。就這樣,他的名聲在百姓中傳揚開來。醫術上等的醫生能夠預測疾病蔓延的方向,採取措施預防疾病深入發展;中等的醫生就沒有這個本事,只能治療當前已經發生的疾病。這也是秦越人說自己的醫術遠不及他兩位兄長的原因。

　　魏文侯聽了,若有所悟,接著向秦越人請教「治未病」是否比「治已病」更重要。

依秦越人之見，其實，「治未病」和「治已病」都很重要，只是兩相比較的話，應該先追求「治未病」。只是，人們素好急功近利，只對眼前見到立竿見影的事津津樂道，所以，很多精於「治未病」的醫生，得不到人們的認可。

魏文侯恍然大悟，對秦越人頻頻點頭稱許。

道家創始人老子曾經說過一句名言：「治大國如烹小鮮。」其實，治國和治病的道理也是相通的，事前控制比事後控制更重要，就像渴了才去掘井；戰爭發生了才去鑄造兵器，為時晚矣。聲名在外之人不見得出類拔萃，而籍籍無名之輩很可能有經邦緯國之才。黃鐘毀棄，瓦釜雷鳴，這是一個國家的悲哀啊！

世人皆知秦越人在治療大病、重病方面醫術高超，但其實他本人是很反對在病情嚴重後再尋醫問藥的。他推崇的是像長兄那樣，在病灶還沒露出苗頭的時候，就及時施藥，驅除病灶。這種「治未病」的醫學思想，直到今天在醫學領域仍然熠熠生輝。

在魏國短暫停留後，他們收拾好行裝，準備向楚國出發。

第八章　田齊桓公諱疾忌醫

第九章
鎮巫 醫名揚楚國

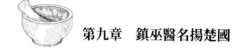

第九章　鎮巫醫名揚楚國

　　先秦的巫風，楚國最盛。在去楚國之前，秦越人就已聽說過許多楚人好巫的故事。在他游醫列國的計畫裡，早就有楚國這一站。大夫俞伯牙的書信，使他更堅定了到楚國的決心。

　　秦越人和弟子們行至泰山腳下，一隊人馬趕來，為首之人問哪位是扁鵲，他們找「神醫」有要事相求。秦越人站出來，問他們有何貴幹。一聽是扁鵲，為首的立即下馬走來，自言是大夫俞伯牙命他前來，捎給秦越人書信一封和黃金一百兩。

　　信物送至，人馬告辭。秦越人素來與俞伯牙沒有來往，不知為何他會修書給自己。這一百兩黃金又是為何呢？展開書信，才知是俞伯牙的知音鍾子期病重，伯牙請自己到楚國為子期治病。

　　秦越人行醫居無定所，鍾子期患病多時，俞伯牙多方打聽其行蹤，找了一百多天，才聽說秦越人正在泰山一帶游醫。秦越人為俞伯牙和鍾子期的友誼所打動，帶著弟子們千里迢迢趕往楚國漢水之陽馬鞍山（今湖北省漢陽新農鄉馬鞍山，還有一種說法是在今安徽省鳳陽縣城北的馬鞍山）下，鍾子期就隱居在那裡。

　　鍾子期是楚國人，自幼生活在巫術氛圍中，對巫神的法力深信不疑。自從他病倒以後，馬鞍山的山前山後香火繚繞，祝禱聲不斷。

山下有人看到請巫神祝禱了這麼多天，可是鍾子期的病情卻一點也沒有減輕，認為巫術不過都是愚弄人的把戲，建議鍾子期去請個醫生。他還聽說齊國有位神醫，叫扁鵲，什麼雜症重病都能治好，而鍾子期的知音俞伯牙就在齊國做大夫，不如讓他去請扁鵲來診治。

　　沒想到鍾子期聽了搖搖頭，他拖著虛弱的病音辭絕了那人的建議。他不明白「我命由我不由天」的道理，認為人的命都是天注定的，天讓人活，人就活；天讓人亡，人就亡，天命不能違背。鍾子期從來不質疑巫神的權威和法力，任巫神們畫符、祝禱、施法，詐取錢財，他的病情就在這祝禱聲中漸漸加重。

　　秦越人師徒一路舟車勞頓，終於趕到馬鞍山下。卻見七、八個巫神正在舉行盛大的法事，法臺高築，上面懸掛著天神和文王像。他們一會兒輕聲念誦咒語，與天神溝通，希望天神幫助他們驅鬼驅邪消災；一會兒又仰頭向天神祝禱，大聲高呼。山下的老百姓仰慕鍾子期的高德，每天都跪在法臺前，向天神和文王祈禱，祈禱那些孤魂野鬼趕快離開這裡，不要再纏著鍾子期了。

　　秦越人沒有理會那些裝神弄鬼的巫神，徑直走進鍾子期屋裡。鍾子期面無血色，躺在床上一動不動，已經陷入了半昏迷狀態。秦越人把過脈，知道為時已晚，嚥氣不過是早晚

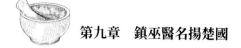

的事，忍不住搖了搖頭，眼神裡滿是惋惜。

　　秦越人在鍾子期耳邊輕輕地呼喚著，自我介紹是俞伯牙大夫請來的。鍾子期在迷迷糊糊中聽到「俞伯牙」的名字，從昏迷中醒過來，他吃力地睜開眼睛，喃喃地喊著「伯牙，伯牙」，說話的聲音很微弱。

　　鍾子期問自己得了什麼病，為什麼這麼久也治不好？秦越人嘆息搖了搖頭。鍾子期得了肺癆，延誤了治療，現在已轉至肺惡，病入膏肓了。縱然他有千般醫術，子期的病也藥石無靈了。如果早點請醫生診治，就不會發展成惡疾了。唉！可惜，可惜啊！

　　一聽神醫說無藥可救了，鍾子期的家人都圍攏哭了起來。鍾子期咳嗽了一陣，吐出一大口血。鍾子期直到臨終都不明白，為什麼連楚國最有名的巫醫，也治不好自己的病。奪取鍾子期生命的，不是肺癆本身，而是他對巫術迷信成疾。這正是他的病根所在啊！楚人好巫，鍾子期的心裡有巫而無醫，請來的巫醫只會作法而不會治病，所以延誤了數月，病入膏肓了。

　　沒過多久，鍾子期就撒手人寰了。俞伯牙和鍾子期的真摯友誼感動了世人。俞伯牙的知音已逝，高山流水又有誰聽？

　　帶著無限的遺憾，秦越人和弟子們離開了馬鞍山，從漢陽北上，途中走走停停，進村巡診。他痛恨巫醫害人，一路

上就用鍾子期信巫而喪命的事為教訓，教育當地的百姓，萬萬不可相信巫醫的把戲，有病要請醫生來看。不知不覺間，他們一行就到了楚國的宛城（今河南南陽）。

當地有一戶人家，男主人得了一種奇怪的病，肚子脹得跟羅鍋一樣又大又圓，病情十分危急。秦越人聽說以後，便不請自到。病人的妻子對這個操北方口音的遊方醫生心存疑慮，後來一想：當家的病得這麼厲害，多少醫生都沒看好，乾脆就「死馬當活馬醫」吧！

秦越人一進屋，就看到病人的肚子氣鼓鼓的，初步斷定這是鬱積阻滯所致，得了氣鼓病，再一診脈，就確診無疑了。他為病人診脈，站在他身邊的婦人就在一旁絮叨，秦越人聽完，也就知道了他的病因。原來，病人前段時間跟村裡的王二打官司輸了，一氣之下就吐了血，從那以後就得了這個病，臥床不起，看了多少醫生也沒用，肚子一天比一天大。

氣鼓病並無大礙，扎一針，把肚子裡的氣排出來，再吃幾服藥就好了。病人的妻子看到秦越人神情自若、胸有成竹的模樣，心中的石頭也就放下了一半。

秦越人坐在病榻前，子陽取出針包剛遞到老師手裡，外面就進來兩個醫生要砸場子。其中一個高個子醫生，一見秦越人就怒目圓睜，氣勢洶洶地問他是從哪裡來的。還沒等秦

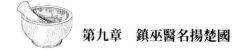

越人回答，另一個矮個子的醫生也盛氣凌人地質問他知道藥有多少種、病有多少宗。

聽他們的口音，秦越人就知道這兩個人是本地醫生，看他們蠻不講理的樣子，心想他們肯定是到處詐財的庸醫。秦越人站起來，挺直腰背，整理了一下衣衫，然後不慌不忙地自我介紹道：「我是從齊國盧邑來的醫生，叫『秦越人』，人們都叫我『扁鵲』。今天路過此地，特來為這位病人治病。」

高個子醫生也聽說過「神醫」扁鵲的大名，沒想到今天遇到真人了，當下就露了怯。不過，他故意清了清嗓子，強作鎮定，說秦越人是假托「神醫」之名，到處騙財的庸醫。

秦越人哈哈大笑，接著說：「你們問我世界上藥有多少種、病有多少宗。八百零八種藥對八百零八種病，不是一成不變的，必須因人而異、因病而異，靈活運用。我替人治病，講究藥針並用，這比知道藥有多少種、病有多少宗更重要啊！我近來聽說，很多虛假不實在的庸醫，用沒有炮製過的偽劣藥幫病人看病，坑了人家的錢財，又延誤了病情，最後把人給治死了。不知二位醫家醫術如何？今天不妨由你們來幫這位病人治病，要是治好了，我拜你們為師。」

聽秦越人說得頭頭是道，那兩位庸醫就知道自己碰到行家了，早就心悅誠服，哪還敢班門弄斧？趕緊連連作揖，謙恭地向秦越人請教。

秦越人請子陽在病人腹部輕輕地按摩，又請子豹在穴位上扎了一針，幫助病人排出肚子裡積攢的氣體，那病人當下就感覺病好了六、七分。之後，秦越人和弟子們針藥並用，氣鼓病就完全好了。

　　那兩個庸醫看得目瞪口呆，當下就對秦越人的醫術佩服得五體投地。秦越人看他們粗通醫理，便囑咐他們，醫德比醫術更重要。

　　那婦人對秦越人萬分感激，拿出家裡下蛋的老母雞和一包錢幣送給他，秦越人百般推辭，只請子陽收了兩枚布幣就離開了。

　　秦越人帶著弟子們在宛城一帶行醫，不僅會在熙熙攘攘的城邑，也會到人跡罕至的深山孤村。他們走到哪裡，就在哪裡採集藥草，炮製藥材，所需之藥都是就地取材。在偏遠的深山老林，草木茂盛，漫山遍野都是藥草，到山上採藥既能補充他們平時所用的藥，又能鍛鍊弟子們識藥、辨藥的能力。

　　一天，秦越人帶著弟子們趕著牛車，來到一個叫黃山嶺的地方。那山並不是很高，但樹木蒼鬱，微風拂過，掀起層層碧浪，就像一條碧綠的絲帶在飄搖。山下散居著二、三十戶人家，幾處宅院依山而建，錯落有致。這裡遠離鬧市，交通不便，鮮有人至，少了往來車輛的喧鬧與浮華，鳥雀歸巢時的鳴叫更讓這個小山村多了一分清靜。

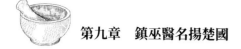

　　秦越人師徒每到一個地方，就會走訪當地，詢問當地的常見病情。那天，天氣晴好，和風舒暢，幾個百姓站在街上，你一言我一語地閒話家常。秦越人請弟子們把牛車拴到村頭的木樁上，就跟他們聊了起來。聽他們說，這裡有一戶王姓人家，窮得家徒四壁，無奈天公不作美，老老少少又全都得了傷寒，誰也顧不了誰，一家人只好拖著病體，聽天由命，日子過得讓人心酸。這裡地處深山，窮鄉僻壤，缺醫少藥，就算有醫生，也請不起，老百姓得了病，十有八九都得硬扛。

　　秦越人聽了心裡十分難過，他請那位大嫂幫他帶路，說要去幫那家人治病。

　　他們跟在大嫂後面，來到一座老舊的院落。也許是病情所致，從柴門望進去，院子裡一片破敗的景象，毫無生氣，不了解的還會以為這裡久無人住。

　　秦越人推開柴門，見一個中年婦女正拖著沉重的腳步，一步步挪向灶屋，準備午飯。她一看是遊方醫生來了，忙著要攆他們出去，說到底都是因為阮囊羞澀。沒說幾句話，婦人就急促地咳嗽起來，咳出的痰裡還帶著不少血絲。

　　秦越人看她狀況很不好，悲憫地說：「治病救人，是醫家的本分，沒錢也會幫忙看。」

　　中年婦女一聽這話，眼淚立刻從她那雙無神的眼睛裡流

了出來，她「撲通」一聲跪倒在地，對秦越人千恩萬謝。秦越人趕緊將中年婦女扶起來，婦人將他徑直拉到屋裡。家徒四壁，一個老婦人像一隻蝸牛似的，躺在床榻的一角，「唉、唉」地低聲呻吟著，一頭白髮似亂麻，散在枕頭上，她眼窩深陷、面頰汙穢，像是許久都沒有清洗過。

　　還有兩個小孩，也橫著躺在榻上，長時間的營養不良和傷寒，使他們面色蠟黃，幾乎沒有血色。

　　原來這個中年婦女的丈夫早年就戰死了，公公也在多年前得了癆病死了，家裡只剩下一個婆婆和兩個年幼的孩子，全靠她一人支撐全家生計。如今，一家人都得了病，日子過得十分艱難。

　　看到這家人的慘象，秦越人心頭一顫，趕緊放下藥箱，指揮弟子們幫助他們燒水、做飯、熬湯、煎藥。

　　多虧秦越人師徒的悉心照料和治療，他們的病才慢慢好轉。鄉親們聽說他們家來了幾位神仙，用仙丹把他們治好了，都趕來一睹仙容。他們師徒一連住了四十八天，這戶人家才徹底痊癒。這戶人家扶老攜幼，跪謝秦越人的搭救之恩。

　　時下已到寒冬臘月，漫天大雪紛紛揚揚下了一整夜。一覺起來，厚厚的積雪封住了出山的唯一一條小路。秦越人就和弟子們索性住了下來。村子裡凡是有頭痛腦熱、腰酸背痛

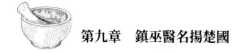

的，秦越人略施藥石，就藥到病除了。秦越人和村裡的人家結下了深厚的情誼。

來年三月，秦越人帶著弟子們離開村子。全村老少個個含淚，不約而同地前來相送。

秦越人回頭向村裡揮揮手，便匆匆離去，消失在綠意漸濃的山谷中。

他們一路巡診，冬春之交，氣溫變化大，人們容易被風寒邪氣入侵，頭痛、發熱、咳嗽、腹瀉等疾病多發，秦越人師徒就走得慢了，給沿途的百姓配點藥草服用，避免風邪入體。沿途的百姓沒有不誇他們的。

到六月上旬，他們來到一個叫石鼓寨的地方。晌午時分，太陽已經有幾分毒辣，陽光直射下來，晒得每個人身上都汗涔涔的。裊裊炊煙從附近人家的屋頂上慢慢升騰起來，有灰色的，有白色的，越往上走越稀薄，一縷縷人間煙火，最後在長空裡瀰散開來。

石鼓寨裡，有一位姑娘，面如土色，瘦得皮包骨頭，每日茶飯不思，就喜歡吃牆上的黃土。一開始吃得少，到後來越來越頻繁，每天都要吃土。她的父母膝下只此一女，為了幫她治病，終日就像無頭蒼蠅般，到處打聽哪裡有名醫，只要有一線希望，他們就算砸鍋賣鐵也在所不惜。他們變賣了家產，找了很多醫生，用名貴藥材熬的湯藥不知喝了多少，

但女兒的病就是不見好。

當地人不解其中的緣故，都傳小姑娘是被妖魔邪神纏身，才會得到這種奇怪的病症。一時之間，這個說法在當地不脛而走。自己的女兒被當成妖魔對待，她的父母每天都神色黯然、愁雲不散。

那天，正好秦越人和弟子們游醫至此，姑娘的家人聽說他是「神醫」，臉上的愁雲散去，覺得自己的女兒還有一線生機。他們趕緊把秦越人請到家裡，要準備飯菜款待秦越人。

秦越人心繫生病姑娘的安危，顧不了吃飯。秦越人認真觀察，斷定那姑娘肚裡有蟲，不是什麼妖魔附體。他開了一張方子給姑娘的父母，囑咐他們這幾味藥一定要用文火煎兩個時辰，每日服用三次，連服三日，她的病一定會好。

她的父母照著秦越人的話去做，三天後，女兒的病果然好了。她的父母感念秦越人的醫術，逢人就誇秦越人的大醫仁心。

秦越人從行醫那天開始，就聽聞遠在西南的秦國良醫輩出，一直心嚮往之。秦越人帶著弟子們離開了楚國，繼續北上，準備去秦國。

第九章　鎮巫醫名揚楚國

第十章
大醫仁心濟幼老

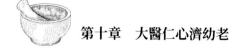
在戰國時期，秦國是個另類，它是最靠西南的一個國家，在經濟、文化等方面都比較落後、粗拙。跟東方六國的禮樂文明和彬彬氣質比起來，秦國人素有虎狼之性，所以一直被東方六國瞧不起。

子陽從沒有懷疑過老師的決定，可是這一次他卻面露憂色，對老師前往秦國的決定心存疑慮：秦國醫學那麼發達，醫術精湛者大有人在，去秦國豈不是無立足之地嗎？

秦越人似乎看出弟子子陽的疑問，他捻著鬍鬚，對弟子正色道：「行醫之人有仁德之心是極為必要的，此外，精研醫術，與同僚切磋技藝，也是必不可少的。秦國雖然地處西陲，但是良醫輩出，到秦國不正可以跟優秀的醫者交流經驗、精進醫術嗎？」

子陽等人也曾聽聞秦國有良醫傳統，只是不知道其中的緣故。其實，秦國務實，對國計民生有實際用處的事業，向來鼓勵。醫學關係到人們的身體健康，而百姓身體健康又關係到軍隊品質的優劣，所以秦國歷代統治者都積極支持和鼓勵醫學發展。即便後來的秦始皇，在焚書坑儒時，儒家經典遭到滅頂之災，但醫藥之書由於對民生有大用處，所以不在焚燒之列。年終國家還會考核醫生們的績效，凡病都能診斷清楚的，為上等；有十分之一不能診斷清楚的，為次等；有十分之二不能診斷清楚的，又次一等；有十分之三不能診斷

清楚的，又次一等；有十分之四不能診斷清楚的，為下等。根據一年的成績，決定醫者的俸祿。國家的鼓勵，使醫學昌明，醫學典籍豐富。東方六國的醫者前往秦國學習切磋醫術者不計其數，就連當時各國的國君，生病後也會來秦國請醫生。

秦越人早在赴秦之前，就對秦國醫界的兩位前輩「醫緩」和「醫和」欽佩之至。秦桓公時，晉景公身患重病，國內的醫生均沒有治癒的良方，只好跨國求醫，秦公就委派醫緩到晉國為晉景公療疾。醫緩診斷之後，確診景公得的是不治之症，第一次提出「膏肓」的概念，說是病情到達膏肓（膏肓處於胸和腹之間）這個部位，那就沒有治癒的希望了。這種實事求是的態度，和秦越人所秉承的宗旨，同符合契。秦景公時，秦國良醫醫和是秦國醫學的集大成者。晉平公有病，仍向秦國求助。醫和被派到晉國去治病，經過診斷得知，晉平公的病情是由縱慾無度導致的。醫和第一次將大自然的「陰、陽、風、雨、晦、明」六氣引入病例分析中，認為人的一切疾病皆因為六氣失和。東方六國雖瞧不起秦國，但在生命和科學面前，卻不得不向秦國移樽就教。

秦越人與醫緩、醫和神交已久，如今能夠來到良醫的國度交流切磋，是莫大的榮耀。不過，這個落後的秦國，在戰國爭雄的大潮裡，卻不甘人後。商鞅變法，把這個貧弱的國

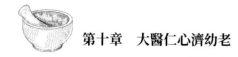

第十章　大醫仁心濟幼老

家變成一個富強的大國。它像一頭雄獅，傲居於六國西首，一舉一動都讓東方六國心驚膽顫。

秦越人和弟子們來到咸陽城（在今陝西省咸陽市東北），被咸陽的萬千氣象所震撼。一條筆直的大道貫通南北，咸陽城南臨渭水，北倚九峻山，「咸陽宮闕郁嵯峨」，宮室樓臺氣宇非凡，在落日的餘暉中，顯得壯麗而肅穆。街巷縱橫有序，房屋鱗次櫛比，街道兩旁的客館旅社各安其業。這裡的民風民俗，都與齊、魯、魏諸國不同，人們生活殷實，夜不閉戶。秦國法律嚴明，投宿客館必須要有憑證。秦越人帶領弟子到內史府開具憑證入住，開始考察秦國的常見病症。

先秦時期，由於醫療水準落後，新生兒死亡率比較高，人們更加珍視自己的孩子。秦國也一樣，為了補充兵員，秦國人非常重視幼童的健康問題和成長狀況。家裡有幼兒出生的，都會請巫者占卜，倘若生出一個身體殘缺的嬰兒，家人也只好在以淚洗面中接受現實。秦國有一條法律規定，如果新生兒身體長著異物，或殘缺不全，父母將其殺害不違法。這讓長久浸淫禮樂文明的秦越人很不解，他覺得這個法律太殘忍了，對幼兒也是不公平的。他行醫幾十年，始終謹記老師長桑君的囑託——身為醫者，不能拋棄任何一個人。

他將弟子們叫到身旁，表明了自己在秦國的行醫重

心 —— 透過自己的醫術，治療先天殘疾嬰兒和患病兒童，關愛幼兒的健康成長。

客館門前是一條寬闊整潔的大街，兩旁店肆林立，懸掛著各具特色的招牌，秦越人命人找來一塊木板，親手寫上「齊國郎中，專治小兒雜症」，請弟子們立在客館門前。這幾個漆黑的大字，立即引起行人的圍觀，一炷香的工夫，人們就把門口堵到水洩不通，七嘴八舌地議論郎中是不是騙子。

人們對這個外地來的醫生將信將疑，很多小兒雜症連本地醫生都治不好，何況是外地醫生？木板擺出去幾天，也沒人來應診。秦越人就帶著子陽外出巡診。

經過一戶人家，聽到那家的孩子哭鬧不止，顯然病得很重。子陽跟孩子的母親說明來意，秦越人趁孩子安靜下來的時候，幫他把了脈，又摸了摸孩子的肚子，知道病童沒什麼大礙，得的是傷寒，只是因為沒有得到及時的治療才耽誤病情，現在病邪入裡，吃幾服藥，稍加調養，通通大便，兩三天就可痊癒。

秦越人一邊念藥名和劑量，子陽一邊在竹簡上記下，然後交給孩子的母親。孩子的母親千恩萬謝，拿出診金。秦越人看到他們家貧如洗，怎麼也不肯收，臨走時囑咐孩子的母親，兩天以後，要是孩子還不見好，就抱著孩子到廣來客館找他。

孩子吃了秦越人的藥，兩天以後病果然好了。孩子的母親逢人便誇秦越人醫術高明。一傳十、十傳百，人們都知道廣來客館裡住著一位專治小兒病症的「神醫」。有生病的孩子都排隊等著就診。

扁鵲醫治小兒

　　每個生病的小兒來看病，秦越人都會先詢問有何症狀，然後再切脈、望色等。一個老奶奶牽著孫兒來看病，引起了秦越人的注意。這個小男孩八歲了，面色萎黃，精神不振。

秦越人打眼一看孩子的臉色，就知道情況不妙，他看起來比同齡的孩子矮小許多。老奶奶一見秦越人，就開始擦眼淚，哀求「神醫」救救她可憐的孫兒。孩子的母親生下他就死了，是老奶奶一個人把他拉拔大的。孩子常年尿床，這麼多年來，看的郎中不下幾十個，但是仍沒治好。秦越人心中明白了幾分，初步判斷病童是先天不足，脾腎虛弱。診脈之後，果然如他所料。秦越人開了幾味藥，孩子照方吃藥。果然，三服藥喝下去，孩子尿床的症狀就減輕了，精神也好了很多。又服了七服藥，食慾大振，尿床現象徹底消失了。孩子的奶奶高興得老淚縱橫，直呼自己真是碰上「神醫」了！

秦越人幫老百姓看病，從不開貴重藥材，都是些尋常藥草，每個病人收一、二兩錢，要是遇到家裡窮的，就免除診金。日復一日，秦越人幫無數病兒治好了疾病。在秦國，人人都知道，從齊國來了一位「神醫」，專治小兒雜症，醫術高明。

秦越人師徒在秦都咸陽待了一年的時間，起身前往洛陽。

從西周的成王時期，周公就已經開始營建洛邑（今河南省洛陽市），到周平王時，經過數百年的發展，洛陽已是天下的政治、經濟和文化中心，有著豐富的檔案和文化典籍。洛陽是四方輻輳之地，是交通和商業貿易的樞紐。孔子就曾

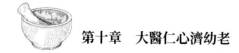

經從魯國一路風餐露宿，風塵僕僕地來到洛陽學習文化。道家創始人老子還在洛陽當過皇家圖書館「典藏室」的管理員呢！

秦越人見多識廣，透過洛陽城繁華的表象，一眼就看出內在的問題。洛陽的街巷上坐著很多老人，觀街景、晒太陽。秦越人跟弟子們講東周的尊老傳統。古人很早就意識到，男子在六十歲以後，齒豁頭童，老態必現，身體狀況大不如從前。官員們過七十歲就要退休了，老百姓中那些年高望重的長者，國家均把他們安排到官學裡去養老，周天子定期到官學裡看望老人，行養老之禮。常言道：「人之行，莫大於孝。」普通人家，老人五十歲以後，不用再服徭役；六十歲以後，不用再服兵役；八十歲時，國家允許他的一個兒子不必服徭役和兵役，在家幫老人養老；九十歲的高壽老人，全家都不用服兵役和徭役，天子希望家人能夠全身心地侍奉老人，以終其天年。弟子們恍然大悟，只是他們不明白，尊老傳統跟行醫有什麼關係。秦越人沒有直接回答問題，而是請子儀去問問那邊的老人，附近哪裡有客館。

子儀徑直走到一位老伯身邊，躬身作揖，恭敬地詢問客館在哪裡。那老伯沒有聽清楚子儀的話，就豎起耳朵，請他再說一遍。子儀又大聲問了一遍，老伯才聽到了七、八分，給他們指了方向。

弟子們這才恍然大悟，明白了秦越人的用意。原來，人到老年，就易發眼花、耳背、鼻病、牙齒鬆動脫落、腿腳發麻等疾病，遭受很大的痛苦。可是，老年人又常常被醫家忽略。到目前為止，還沒有聽說過有醫家專門研究老年疾病的。今天他們既然來到這裡，看到了老年人的常見病症，就應該用心研究老年疾病，幫助老年人減輕痛苦。

扁鵲醫治老人

　　到客館安頓好以後，他們就投入對老年病的研究中。秦越人針對老人腰腿痠麻、行動不便的生理特點，採用按摩、針灸等手法，為他們舒筋活絡，使病症得到好轉。看到不少

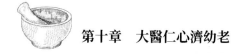

老年人視、聽力衰退，秦越人就下決心在五官科疾病上下功夫。秦越人認真鑽研病理，精心配製草藥。在他的調理和診治下，不少老年人耳聾、目眩的症狀得到很大改善，重新聽得真、看得清。很快，十里八鄉都知道有個遊方郎中專治老年疾病。

秦越人和弟子們在洛陽逗留了一段時間，為很多老年患者治好了痼疾，人們對他感恩戴德。

秦越人帶弟子們雲游到今天伏牛山南的盧醫廟鄉一帶。在戰國時期，這裡是沼澤低窪地，病疫頻發，老百姓苦不堪言。水中滋生大量的水蛭，人畜誤飲，紛紛吐血斃命，一時之間，人人談「水蛭」色變。城裡有個姓魏的財主，喝了從河裡打來的水後，發現碗底有一隻水蛭，嚇得面如死灰，半天說不出話來。碗底的那條水蛭成為他的心病，他以為自己誤飲了水蛭，命不久矣，終日戰戰兢兢，肚脹胸悶，病情延宕了一年多，名醫請了不少，開了各種驅蟲的藥，也不見效。巫婆也請了不少，又是作法，又是驅蟲，結果病也沒有好轉。家人都急壞了。

秦越人和弟子游醫至此，在魏財主的村子裡住了下來。得知魏財主得了怪病，便登門診治。沒想到魏財主一向只從城裡請名醫，根本信不過從外地來的郎中，就要家人把他們打發出去。

後來，村裡有個姑娘在納鞋底的時候，用牙咬針，一不小心把針咬斷了，針頭直接插到了喉嚨裡，誰也不敢把斷針弄出來，生怕不小心反弄到肚子裡去。姑娘危在旦夕。秦越人略施手術，就把斷針取了出來，接著開給她幾服藥，以防止傷口感染。

　　村裡都傳開了，說秦越人醫術高明。魏財主聽說以後，知道秦越人絕不是庸醫，才把他請到家裡。秦越人完全沒有將前事放在心上，而是認真地詢問病人的一些感覺。他心想，魏財主肚子裡十之八九沒有水蛭，如果真有水蛭，他早就吐血而亡了，根本不可能撐一年多。他又幫魏財主號脈，發現他心脈細沉，顯而易見得的是心鬱之症。他斷定魏財主身體的種種不適都是神思憂慮所致。不過，秦越人告訴魏財主，他的肚子裡有兩條水蛭，吐出來，病就好了。

　　秦越人先請子陽幫魏財主開兩服益氣補中的藥，調理一下身體。三天後，又請他飽飲流食一頓，而後服用催吐的湯藥。

　　服藥之前，秦越人請魏財主家人瞞著他到河裡捉了兩條水蛭。又找來一個大盆，要魏財主吐在盆裡。趁魏財主不注意，把那兩條水蛭扔進盆裡。吐完以後，魏財主發現盆裡的嘔吐物中果真有兩條水蛭，自此放心，食慾大增，容光煥發。

　　魏財主和家人拿了厚禮去答謝秦越人，卻發現他們已經走了。魏財主對家人說：「真是神醫啊！」

　　秦越人先後遊歷齊國、趙地、虢國、楚國、秦國、周都，他帶著弟子們替人們治病，同時也在考察天下醫學。現在他已經是七、八十歲的老人了。在洛陽行醫後，他打算東去還鄉，不過他想在歸鄉之前，再度赴秦。據說，在秦國的土地上，生長著兩千多種中草藥，這一切都令醫家心嚮往之。

第十一章
險象橫生逃泰國

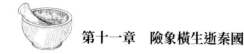

秦地一直有著「秦地無閒草，秦國多名醫」的美譽。秦越人和弟子們上次來秦國，將很多精力放在病兒身上，沒有仔細考察秦國的醫藥情況。如今秦國的國君是秦武王，十九歲即位，血氣方剛，平素又好勇鬥狠，易聽信讒言。不過，他大開國門，招徠各國的賢才名士赴秦。一時之間，韓國、魏國、齊國、楚國、趙國等國的賢士，都浩浩蕩蕩地來到了秦國。秦越人第二次赴秦國正是此時。誰也沒想到，這個距離秦越人的家鄉有上千里之遙的秦國，成為他生命中的最後一站。

夜幕下的咸陽城特別安靜。秦越人伴著鼾聲早已進入夢鄉，他還不知道，他高明的醫術將會把自己拽入危險的漩渦裡。因為，就在那嵯峨的咸陽宮中，與他有一牆之隔的，是在秦國經營多年、赫赫有名，但卻狹隘好妒的太醫——李醯。

李醯是個心胸狹隘的人，對權力極其痴迷。他是個醫者，本應該將仁心仁術放在首位，但卻把地位和權力看得比醫者仁心更重要。大秦國中，王宮之內，所有與醫藥相關的事務，都由李醯說了算。對李醯而言，他熬了多少年，才爬到太醫令的位置，其中的心酸只有他自己知道。如今他風頭正勁，獨領風騷，醉心於權力帶給自己的榮耀感而無法自拔。

可是，居然從千里之外的齊國，冒出一個「草澤之輩」，這個人還在老百姓那裡積攢了一點好名聲。秦越人上次來秦國的時候，李醯就已經聽聞他的本事。他曾經喬裝打扮到秦越人住的客館門前，混入就診的病人當中，聽過太多人們對秦越人的稱讚。他對這個不識趣的外鄉人充滿敵意。不過，好在君上沒有注意到這個人的存在，他在民間再有名聲，對自己也構不成威脅。

　　令李醯始料未及的是，秦越人在秦國幫很多病童治好了病，他離開以後，老百姓仍然很感激他，都說從齊國來的扁鵲是位「神醫」，沒有他治不好的病。秦國的百姓竟然把一個外鄉人當成救星，自己身為本國的堂堂太醫令，光芒竟被一個草莽游醫給遮住了。更可氣的是，這個外鄉人又回來了。不，他絕對不能失寵。想保住自己的地位，就必須將這棵「野草」連根拔起。

　　秦越人和弟子們帶著最大的善意來到秦國，迎接他們卻是最大的惡意。這一次，他們沒有在咸陽城的旅館落腳，而是來到鄉間行醫。很多老百姓聽說「神醫」扁鵲回來了，不論有病沒病，都紛紛邀請秦越人來家留宿。

　　原本秦越人和李醯走的是兩條不同的路：秦越人不願做官，一心只在醫術上，澤被民間；而李醯走的卻是做官的路，當醫生只是他謀取富貴利祿的工具罷了。

　　讓李醯恐懼的事終於發生了，秦越人的名聲傳到秦國國君的耳朵裡。秦武王久聞秦越人大名，早有拜望之意，聽說來自東方的「神醫」不遠萬里來秦國，非常高興，就特派使者邀請他到王宮裡一晤。

　　秦武王臉頰上生了癰癤，宮裡的太醫都沒有辦法除根，痛苦不堪。恰巧秦越人此時來到秦國。秦武王心裡打著小算盤：秦國素來以良醫之國著稱，如果連國內的太醫都治不好寡人的病，天下還有誰能扭轉乾坤呢？早就聽說「神醫」扁鵲譽滿天下，如今可以試他一試，如果他沒有回春之術，那正好可以挫挫他的風頭。

　　秦越人應約前往。此時的他已是九十歲的高齡了，身形清瘦，走起路來顫顫巍巍。秦武王見秦越人一頭霜雪，眉毛斑白，眉宇間一股清氣，果然有大醫風範，不由得對他肅然起敬。他起身迎接，躬身行了一個大禮。秦越人自度不過是一介村醫，當不起如此大禮，就躬身還禮。

　　秦武王向秦越人請教治癰癤的良方。秦越人一進來就注意到了秦武王右邊臉頰上的癰癤，這病並不難治。可是他還沒有說什麼，大殿裡的文武百官和太醫們，一聽君上要讓一個江湖郎中為他治療，瞬間議論聲、唏噓聲響成一片。

　　最難受的是太醫令李醯，他的心頭就像點了一把火似的，焦灼不安，趕緊勸阻秦武王。大臣和太醫的勸阻不是沒

有道理，武王的病灶正好在耳朵之前，眼睛之下，倘若診治不好，出了差錯，很容易耳聾目盲。再說，在他們眼裡，秦越人只是江湖郎中，他的醫術多半都是自己吹噓的，不足為信。武王龍體尊貴，豈能讓一個江湖游醫隨意診治呢？

聽了群臣的話，秦武王舉棋不定，不知道該不該相信秦越人的醫術。

秦越人當然知道，病灶在耳目之間不好診治。他也明白，李醯是擔心自己治好了秦武王的病，威脅到他的地位，所以百般阻攔。而那些庸醫們不過是看李醯的臉色，跟著起鬨、壯聲勢罷了。

《戰國策》中對扁鵲醫秦武王的描寫

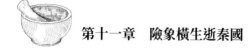

　　看到秦武王臉上疑雲密布，秦越人毫不客氣地將他斥責一番。畢竟在治病救人方面，秦越人是內行，而武王的群臣卻是外行。如今武王召他來治病，卻又聽憑一群外行在這裡七言八語，干擾治療。秦越人對武王的用人之道和治國之術不敢苟同。他認為秦武王如果就是這樣治理國家的話，那秦國將會有亡國的危險，自己還是速速離去為好。說完，秦越人就將治病用的砭石擲於地上，揚長而去。

　　秦武王被秦越人的一番話噎得瞠目結舌，內心不悅。不過自秦越人走後，秦武王越想越覺得他的話有幾分道理，最後決定讓秦越人一試，且看功效如何，如果他是個誤人的庸醫，再懲治他也不遲。

　　秦武王派來使者，在都城郊外的一座村子裡找到了秦越人，他正在幫一個頭痛的孩子治病。使者向他表明了自己的來意和武王的誠意，然後雙手奉上武王封賞的一百兩黃金。孰料秦越人連頭都沒有抬，直接擺擺手回絕了。他不是見死不救，而是對君上的病無能為力。他知道武王的病不在臉上，而在心裡。無論是什麼病人，君王也好，百姓也罷，如果不信任醫生，不配合治療，那麼就算是醫生有回天之術，也無濟於事。

　　使者悻悻地回宮覆命。秦武王又派了一撥使者，幾番勸說，秦越人才肯二度進宮。他幫秦武王切了脈，然後開了兩

味極尋常的藥，令子陽研磨後敷在傷口處，又囑咐宮人們煎藥、敷藥的注意事項。

李醯很不以為然，武王先前吃了那麼多名貴藥材，病情都未見好轉，秦越人只開了兩味再普通不過的藥，顯然就是在糊弄武王。他就在武王耳邊煽風點火，指斥秦越人不過就是走街串巷的雜牌郎中，勸誡武王謹慎用藥。

秦越人淡定自若。《易經》上說：「無妄之藥，不可試也。」是說與疾病不對症的藥物，不可用在病人身上。正所謂藥不分貴賤，對症即可。再名貴的藥材，如果不對症，那也是白費。武王正是因為吃了大補的藥，藥不對症，導致陽火過剩，癰癤才久治不癒。

李醯仍疾言厲色，威脅秦越人，武王要是有個三長兩短，隨時可以取他的項上人頭。子陽聽了這番威脅的話，心內極其不悅，正要回擊，被老師秦越人拉住了。

沒過多久，困擾武王多年的舊疾終於治癒了。連秦國太醫令都醫治不好的疾病，到了秦越人手裡竟能藥到病除。秦武王對秦越人青眼有加，奉為上賓，李醯自然就被冷落在一旁。

武王有心聘請秦越人為太醫令，這好比在李醯的心裡投下一塊千斤重的巨石，憤怒的巨浪頓時在他心頭翻騰。秦國素以醫學昌明著稱，要是讓一個外鄉人來掌管太醫院，傳出去豈不是有損大秦盛名？他努力將這股怒海狂浪壓制住，故

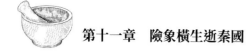

作平靜地勸阻武王。

　　秦越人自知李醯心存怨恨，容不下自己，再加上自己本來就志不在官府，一生雲游慣了，不懂宮裡的規矩，難以適應官醫的單調生活，就順勢委婉拒絕了武王的美意。

　　如今的秦國早已不是那個讓東方六國輕視的蠻荒之地。多少士子湧進秦國，就為了搏一個大好前程。秦武王沒有料到，秦越人會斬釘截鐵地拒絕，因此心中十分失落，也倍感惋惜。不過，他也從中看到了秦越人不慕虛名，只想以仁心仁術濟活蒼生，有大家之風範。秦武王自知挽留不住，便吩咐下人以重金酬謝秦越人。但是，李醯仍然感覺到，秦越人正一點點將自己擠下權力的巔峰，只要他還在秦國，自己的地位就會受到挑戰。

　　一個月後，秦武王不慎受傷。原來，秦武王身材魁梧，勇力過人，宮裡豢養著很多能夠拔山扛鼎的力士。有一天，閒來無事，秦武王跟力士們進行舉鼎比賽，不慎傷到腰，痛得眉毛都快擰成一團了，坐也不是，站也不是。

　　太醫令李醯率眾太醫趕來診治，秦王腰部的疼痛不但沒有減輕，反而更嚴重了。太醫們都束手無策。秦武王勃然大怒，大罵太醫「廢物」，差人去尋找秦越人。

　　這次李醯再也找不到理由阻攔秦越人進宮了。如果自己醫術精湛，秦武王還會越過自己，轉而向秦越人尋求良方嗎？

秦越人來到秦王病榻前，只把了下脈搏，就指導弟子子陽做腰部推拿，秦武王立刻感覺腰痛舒緩了不少。這一切李醯都看在眼裡。秦武王的病在李醯手裡，是久治不癒，但到了秦越人手裡，竟能化險為夷。秦越人又開了服藥，秦王服用後，病情一天天好轉起來。

扁鵲醫治秦武王

　　嫉妒的火焰在李醯的內心熊熊燃燒，一個邪惡的念頭開始浮上他的腦海……。

　　走出秦王宮後，秦越人憂心忡忡。孤懸西陲，「同行是冤家」，這一點秦越人心知肚明，如今在秦國危機重重，不如離去。事不宜遲，秦越人和弟子們趁天還未大白，打點好行裝，準備離開秦國。

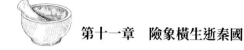

　　秦國雖然地處西陲，但廣袤的秦嶺有上千種藥物。子儀資質聰慧，悟性頗高，對藥物最有研究，他建議老師東歸之前去秦嶺考察一番。

　　秦越人也正有此意，他們一行人計劃穿越秦嶺，然後折回關中，最後取道驪山北麓東歸。

　　秦越人帶著弟子們穿越秦嶺。山上遍地都是藥草，一腳下去，就能踩倒好幾棵，讓他們直呼不虛此行。子儀素好草木蟲鳥之學，如今一頭栽進秦嶺，如魚得水。在老師的指導下，弟子們辨別藥草的氣味、色澤、高矮、性狀，在秦嶺上逐漸豐富藥草方面的知識。

　　時間過得真快，秦越人帶著弟子們穿行秦嶺，南下來到城固，到太白山採藥。他們採滿了一大筐藥，累了就坐在小河邊的石頭上休息。突然，子陽發現河裡有一條黑蛇。秦越人摘下草帽，順著子陽手指的方向看去，果然是一條黑蛇，而且還是毒蛇。正說著，從前面走來一個樵夫，打柴走累了到河邊歇歇腳。

　　樵夫捧起河裡的水就喝，秦越人趕緊勸阻。樵夫對他的話滿不在乎，等喝夠了水後，就從褡褳裡拿出幾瓣大蒜吃了下去。這就是解毒之法，也是老百姓在生活中提煉出來的智慧。

　　秦越人由此聯想到預防疾病比治療疾病更加重要。等他回到村上，就透過防治結合的方法，制止了村裡瘟疫的擴散

和流行。老百姓感念他的恩德，就在他當年歇腳的地方建了一座「扁鵲觀」，一年四季香火不斷。

秦越人帶著弟子們在城固停留了一段時間，然後折回關中。途徑臨潼時，找到一家簡陋的旅館住下來，打算歇歇腳再走。誰也沒想到，李醯早已準備好利劍在等著他們。

秦越人躺在榻上，想起幾十年的漂泊，他把一生都奉獻給了杏壇醫海。越是到了老年，越是時常夢到千里之外的故鄉。對秦越人來說，回家的路是很難走的。一路上走走停停，只要有病人需要他，他就要停下來，直到把病人治好了，方才能夠動身前往下一個地方。年復一年，一直推遲到髮梳齒落。他不得不做出最後的決定。

秦越人突然病倒了。疾病來勢洶洶，弟子們用了各種手段，秦越人也沒有好轉。對老師的病情，弟子們瞭如指掌，他們不允許老師下床，強迫他臥床休息。這樣治了兩個月，他的病還是纏綿不癒。

弟子們私下已為老師準備了後事。扁鵲自己也感到大去之期不遠，就打算燃盡生命裡的最後一點光亮。在弟子的攙扶下，他勉強坐起來，決心在他回到家鄉之前，整理畢生所學，也算是對自己一生行醫的總結。

扁鵲整理醫案

　　就這樣，他們在臨潼一邊歇腳，一邊幫人們看病。閒暇之餘，秦越人就和弟子們總結、整理自己的行醫心得，由他口述，弟子們輪流執筆，終於慢慢將心得、體會整理了出來。

　　那天，日落西山，旅館裡還有兩、三個病人，子陽一看能用的藥材已經不多了，打算趁天還沒黑，跟子豹到附近的山上採挖一些。他們來到秦越人身邊請示，秦越人一邊幫病

人切脈，一邊捻著胸前雪白的長鬚，囑咐他們快去快回。然後招呼正在磨藥的子儀跟他們兩個一起去，多採些藥。

秦越人年事已高，子儀不放心將他一個人留在旅館，堅持要陪他。秦越人擺了擺手，要他們三個一同前往。

秦越人送走最後一位病人，旅館重新恢復了寧靜。他藉著昏黃的燈光，研究多年以來紀錄的病歷。

早就埋伏好的刺客看四下無人，就裝成農夫，前來刺殺秦越人。

門外傳來播鼓似的敲門聲，還夾雜著一陣一陣的呼救聲，秦越人趕緊站起身來開門。來人是個農夫打扮的高個男子。一見到秦越人，農夫眼淚就撲簌簌地往下落，「撲通」一聲跪下，說自己的妻子突發急病，鄉里的郎中們都說沒救了，求他前往診治。

秦越人吹滅燈火，關好門，就跟著來人往病家走去。

來人在前頭引路，步履匆匆地出了鎮。大約走了兩盞茶的工夫，就走進一片黑漆漆的樹林。等到進了樹林深處，那人卻不見了蹤影。月光從密不透風的樹葉間射進來。突然，一個高大的身影「嗖」一下從他眼前閃過。等他定睛再看時，那身影又一下子消失了，眼前只剩下一片昏暗，秦越人心頭「突」地一緊。

秦越人正要招呼那人，話還未出口，刺客就已站在身

後，舉起了寒光閃閃的利劍，從背後刺入他的胸膛。刺客抽出劍，秦越人跟跟蹌蹌地走了幾步，便倒在血泊裡。

殺他的人就是請他出診的農夫。心狠手辣的刺客，還殘忍地一劍砍下醫生的頭顱，拿回去興沖沖地向他的「主子」覆命受賞。可憐一心救苦救難的秦越人，慘死在同行手裡。一代醫聖，從此隕落。

李醯自以為這一切做得神不知鬼不覺，但是陰謀詭計總有一天會敗露。

秦越人早就已經成為老百姓心中的神靈。他被殺的消息很快傳遍了列國，老百姓聞之無不悲號痛哭。

秦越人一生兩度赴秦，秦國的老百姓也都受過他的恩澤，感念他的醫德仁心，聽說李醯派刺客將「神醫」殘忍地殺害，都對他恨之入骨。一天，李醯乘坐馬車經過咸陽城，一個年輕人認出了他，高喊：「就是他！就是他殺了扁鵲！」周圍的老百姓一陣揮舞棍棒，將李醯團團圍住。李醯哪裡見過這等陣仗，嚇得面如土色。要不是他的隨從拚死保護，他早就成為棍下之鬼了。李醯躲過百姓的撻伐，但卻被歷史永遠釘在恥辱柱上。

第十二章
一代醫聖歸鵲山

斂恨赴冥途，英魂歸何處？造福百姓的「神醫」秦越人慘死在秦國，可是，他的屍首埋葬在哪裡呢？

　　從山東到河北、山西、河南、陝西等地，都流傳著秦越人雲遊行醫的傳說。若把這些地名串聯起來，就能勾勒出一幅扁鵲行醫圖。沿途有許許多多以扁鵲命名的山嶺、村落和寺觀等。光其墓穴，就坐落在河南湯陰、河南開封、河南鄭州、山西虞鄉、陝西臨潼、河北神頭、山東鵲山等許多不同的地方。扁鵲墓成為這幾個地方的文化名片，每年都吸引著無數醫者和遊客來此瞻仰。可是他究竟魂歸何處，墓廬何在，卻是一個難以解開的謎。

陝西臨潼扁鵲墓

「神醫」讓那麼多病人「起死回生」，如今誰能讓「神醫」死而復活呢？秦越人收了十多個弟子，最後陪在他身邊的就是子陽、子儀和子豹，其他人都開門立戶出去行醫了。

　　弟子們和老百姓得知秦越人命喪秦國的噩耗，從各地千里迢迢赴秦，想要運回師父的遺體，扶柩東歸。秦王自知愧對神醫，也無法向百姓交代，因此決意在秦國以王禮厚葬扁鵲，以示愧疚和敬重。無論弟子們怎麼請求，秦王就是不肯讓他們運走秦越人的遺體，執意要把「神醫」安葬在秦國。

　　虢太子和蓬山老百姓實在沒有辦法，就把秦越人的頭顱悄悄地偷了出來，一路跋山涉水，回到蓬山腳下安葬，原來的村莊於是改名為「神頭村」。

　　秦越人身首分離，秦武王為他鑄造了一個金頭，安放在遺體上，並為他建造了高大的陵墓，舉行盛大的葬禮。如今，咸陽城的扁鵲墓仍然存在。

　　各地的老百姓受到秦越人的大恩德，所以就在他雲遊行醫經過的地方，自發地建扁鵲廟、扁鵲祠，有的還為他建衣冠塚或遺物塚。

　　在秦越人的家鄉齊國盧邑城，百姓就在秦越人煉丹修道的鵲山腳下，建了一座衣冠塚以表對神醫的思念和敬仰。神醫命斷他鄉，魂歸故鄉，這是濟南人民對神醫最真摯、最樸素的敬意。

不少老濟南人都知道，鵲山腳下有一座扁鵲墓。從濟南市區驅車到鵲山，大約有二十六公里。鵲山坐落在黃河北岸。過了濼口浮橋，就越過了黃河。過黃河後，向前一點四公里，就來到東西向的大壩。站在大壩上望鵲山，發現鵲山蜿蜒有致，從東南向西北折去。扁鵲墓就安臥於鵲山由東南轉向西北的轉角處。

沿大壩一路走，北側沿途依次安臥著鵲山北村、鵲山南村、鵲山西村和鵲山東村。幾個村子裡至今還流傳著許多關於扁鵲的傳說。

鵲山南村建了一個社區大舞臺，是村民舉辦文娛活動的地方，這裡矗立著醫聖扁鵲和至聖先師孔子的雕像，兩位聖人兩側有二十四孝子相伴。「神醫」扁鵲世世代代活在老百姓的心裡。

扁鵲、孔子雕塑

到鵲山東村，從大壩下去，沿著一條小徑往裡走，轉兩個彎，到達路旁一戶獨立的農家小院。院子後面矗立著扁鵲的雕像，高約四公尺，基座是一方石臺，有一公尺高，石臺前面是小篆體寫的「神醫扁鵲」四個字，後面則刻著秦越人治病救人和炮製草藥的場景。

扁鵲身著華服，身形清瘦，看上去起來精神矍鑠、慈眉善目，他的眼睛既沒有仰視，也沒有平視前方，而是向下看著，好像是在體察民間疾苦。筆者去瞻仰千古神醫扁鵲墓時，正是盛夏時節，林木蔥蘢，草長得足有人高，扁鵲雕像就掩映在濃密的樹蔭草影之中。

扁鵲墓原本只是一方土丘，高約一公尺，封土直徑約五公尺，呈圓形，墓頂覆蓋著鬆軟的黃土，草色青青，花開千點。村裡的老人們說，封土原本很高，只是後來一次次加高院落，墓便矮了下去。塚前豎立著一塊石碑，高約一點六公尺，寬零點五五公尺，是清朝康熙三年（一六六四），由鹽運司商人張文茂所立，上面的碑文依稀還能辨出「春秋盧醫扁鵲墓」的字樣。清乾隆十八年（一七五三）又進行了重修。扁鵲墓前原有鐘、鼓二石，撞擊時發出鐘鼓的聲音，可傳揚數里。

乾隆四十五年（一七八〇），詩人黃景仁移家南還，途經濟南，遊覽了華山、鵲山等名山，曾作一首七律〈望鵲

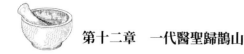

山〉：「藍輿出郭二十里，向客一峰如鵲起。傳聞中有扁鵲墓，草木至今猶未死。禁方一卷世不存，地上多是強死人。祖洲大藥不可得，令人長憶長桑君。」詩中述說了秦越人在鵲山學醫煉丹的軼事。

一九九五年，濟南市政府對扁鵲墓進行了整修，在墓基周圍用水泥砌了一圈保護，墓頂也用水泥覆蓋。現在的扁鵲墓，封土約有兩公尺高，直徑約八公尺。土丘墓頂上的花草，已被「雨打風吹去」了。一九九五年十二月二十日，濟南市人民政府公布，「扁鵲墓」為第二批市級保護文物。

以前，鵲山村落的人們都稱扁鵲墓為「神仙墳」。這是因為，在兩千多年前，鵲山腳下爆發了一場瘟疫，是秦越人盡心醫治，救活無數百姓。人們感念他的仁心仁術，都叫他「神仙」。每逢村民染上疾病，就會到墓前虔誠地拜謁祭祀，祈禱家人健康平安。這一樸素的信仰，世代流傳下來。如今來到扁鵲墓前，仍可在石碑前見一石製的桌子，上面擺放著香爐。

跟那些名人的陵墓相比，扁鵲墓有墓而無廟。這裡沒有看守人，也沒有守護墓穴的蒼松翠柏，樸素得如同他的行醫生涯。鵲山尚有千頭菊，不見當年採藥人。兩千多年的風雨，早已將歷史印跡沖淡了，鵲山無言，山風呼號為他守靈。

鵲山南側山腳下，有一個石碑和牌坊，上面題寫了「鵲華煙雨」四個紅色大字，在萬木青蔥、四野如碧的映襯下，顯得極為耀眼。從「鵲華煙雨」石碑處可由一條小徑拾級登山。小徑只有一人寬，兩旁灌木叢生，樹上掛著不知名的紅色小野果。

「鵲華煙雨」石碑

　　行至山腰，有一四角小亭立於陡峭的石壁之上，成群的麻雀在簷下盤旋著，頗有「烏鵲繞山飛」的趣味。再往上走，幾分鐘後就可登至山頂。這裡是鵲山的最高點，從此處

眺望四野，平原一碧千里。黃河像一條玉帶，從西向東蜿蜒繞鵲山而過，遠處的高樓、浮橋、車輛，近處的池塘、村落，盡收眼底。

山上原本有一座鵲山寺，也叫「鵲山院」，是宋代所建。鵲山寺裡面有一座扁鵲祠，裡面供奉著大醫家秦越人，一年四季香火旺盛。前來扁鵲祠求醫問藥的人絡繹不絕，可惜今已蕩然無存。

扁鵲帶著弟子走遍列國，英魂長眠於鵲山西麓，其德行精神永遠激勵著後世。

第十三章
醫德永照方者宗

醫生是個神聖而高尚的職業，從古至今，人們常用「仁心仁術」來讚美醫生。有意思的是，智慧的古人在說「仁心仁術」的時候，已經有意識地把「心」放在「術」的前面。

　　最樸素的話語，往往蘊含著人們對世界的思考。醫生是個特殊的職業，工作對象是人體和生命，「德」在前，而「技」在後。古時候，人們把好的醫生叫做「良醫」，而不是「名醫」。醫德是中華醫學文化中最為燦爛的一部分。

　　從上古時期，醫學鼻祖神農「敢為天下先」，奔走在高山峻嶺之間，尋找能夠解除世間病痛的草藥，勇敢地為人類遍嘗百草，將個人生死置之度外，豎起中華醫學高尚醫德的豐碑。後世的秦越人、文摯、華佗、張仲景、李時珍等人，接過神農衣缽，修養醫德，光大醫學。

　　秦越人帶領十多個弟子行萬里路，足跡遍布齊、趙、魏、秦、晉、魯、衛、楚等十多個國家，解民於倒懸，救民於疾苦，深受百姓的愛戴和尊重。在民間傳說中，秦越人是被神化了的醫生，他無所不能，無病不治。在山東出土的漢代石刻上，就有扁鵲的形象，他人手人面，頭戴冠幘、鳥身禽立、拖著一束長尾。人們將扁鵲刻畫成人首鳥身的模樣，既反映了原始鳥圖騰的崇拜意識，也說明秦越人在人們心目中不是一個凡人，而是一個有通天醫術的神人。其實，秦越人並不是神人，他只是全心全意為人們治病，「以全活人為心」的醫生，一生

實事求是，創新醫療技術，完善中華醫學理論。

　　秦越人之所以能有如此顯赫的名聲，是因為他有崇高的醫德。自從踏進杏林那一天起，他就把救死扶傷視為自己畢生的追求。

（一）有病無類，扎根民間

　　今天，醫生為老百姓治病，我們已經感到習以為常了。但是，醫生從王室走向民間，經歷了漫長的蛻變之旅。在西周以前，醫生主要是為王室貴族服務的，民間缺醫少藥。到了西周，人本主義發展，王室開始關注民生，政府專門設置了「疾醫」，來掌管民間疾病。但是，天下萬民多如牛毛，這些宮廷醫生就算有分身術，恐怕也難以做到「雨露均霑」。

　　那麼，醫學是從什麼時候開始走向民間的呢？誰又是中國有史記載的第一位民間醫生？這個人正是秦越人。

　　秦越人的出現是中國醫學的轉折點。在他之前有史記載的醫生，像醫和、醫緩等人，都是貴族的御用醫生，老百姓生病了就只能去找巫家。秦越人以一己之力，將醫學從官府解放出來。他就像一顆火種，落在了冰上，慢慢地將堅冰融化，打破醫學被貴族壟斷的困局。他從民間招收弟子，帶著弟子們游醫，用自己的實際行動，將醫術播撒民間，切實為老百姓治病。不避寒暑，上山採藥，到鵲山製藥；不避風

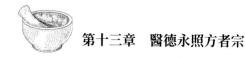

霜，周遊列國，拯救萬民於痛苦之中。

多年的游醫經歷，讓秦越人意識到，每個地方的人所患的疾病，往往跟居住的自然環境和當地社會風俗有很大的關係。因此，秦越人講究「隨俗為變」。每到一個地方，都很注意當地的自然環境和風俗民情，了解當地的常發病症和疾疫。

秦越人到了趙地，看到當地很多婦女深受婦科疾病的困擾，就用心研究。那時候，還沒有專門的婦科醫生，而婦科疾病又有特殊的病理，和普通的疾病有很大的不同。在中醫各科之中，婦科是最難醫治的。秦越人在他的《難經》中對婦女脈象生理進行了分析，為當地的婦女治癒了婦科病，成為中國歷史上第一位婦科醫生。

秦越人到了洛陽，看到耳聾眼花的老人較多，於是鑽研五官科，幫很多老年病患舒緩了痛苦。

秦越人到了秦國，看到當地孩童生病的很多，就開始鑽研兒科，治好了他們的疾病。兒科被稱為啞科，因為幼兒語言未通，難以表達清楚自己的疾病、症狀和疼痛，又好動，不能配合醫生診斷疾病，這造成醫生診治很大的麻煩。秦越人卻不畏艱難，為兒童解除病痛。

在秦越人眼中，貴族和平民是平等的，醫學不是貴族的專利，應該澤被蒼生。能夠撫平病人病痛的，不是爐灶上煎熬的湯藥，而是醫生的仁心仁術。

不死之理不必悔也至於種出危險之痘或生痘毒

此則醫家不能用藥之故種痘之人更能曉知治痘

之法則尤為十全矣

幼科論

幼科古人謂之啞科以其不能言而不知病之所在也

此特其一端耳幼科之病如變蒸胎驚之類與成人異

者不可勝舉非若婦人之與男子異者止經産數端耳

古人所以另立專科其說精詳明備自初生以至成童

不可枚舉醫者宜能坐守之使事事合節耶況明理之

醫能知調養之法者亦百不得一故小兒之所以難治

者非盡不能言之故也

瘍科論

瘍科之法全在外治其手法必有傳授凡辨形察色以

知吉凶及先後施治皆有成法必讀書臨症二者皆到

然後無誤其升降圓點去腐生肌呼膿止血膏塗洗熨

等方皆必純正和平屢試屢驗者乃能應手而愈至於

清代徐大椿《醫學源流論》書影

（二）實事求是

秦越人常常告誡弟子，行醫治病要實事求是，能治就是能治，不能治就是不能治，萬萬不能亂施藥。秦越人對醫德的堅守，源自他的老師長桑君。當年長桑君將「禁方書」傳授給秦越人之前，就對他考察了十年。因為醫學不同於商業，醫生也不是「重利輕別離」的商人。醫學人命關天，絕非兒戲。

幫虢太子治好病後，人們都傳說秦越人能夠起死回生。

他的弟子們也因為老師有起死回生之術而志得意滿。但是，秦越人反覆跟人們解釋：自己並沒有起死回生的本事，虢太子能夠痊癒，是因為他根本就沒有死，醫生能做的就是幫助他恢復健康而已。身為一個醫學工作者，最重要的就是保持實事求是的科學態度。如果自矜其功，沉湎於他人不切實際的讚美而沾沾自喜，那是對他人的誤導。身體健康最重要的在於平日的保養，等到身體臟器都被病魔侵襲，幾近崩潰的時候，再「臨時抱佛腳」，大多數情況下，只會是亡羊補牢。自古以來，治癒重症患者，的確能讓一位醫生揚名立萬，但事實上能夠被治癒的重症，只有一小部分。大部分重症患者，也只是在生命線上苦苦掙扎。

　　實事求是、科學嚴謹是齊魯醫學的重要特徵和優良傳統。在秦越人之後的西漢時期，齊國臨淄也出了一個著名的醫生 —— 淳于意。他學習過扁鵲學派留下來的脈經，繼承了實事求是的優良傳統。有一次，漢文帝問淳于意：「診斷病情關係到人之生死，身為醫生，能做到萬無一失嗎？」淳于意毫不避諱地說：「診斷病情常有誤診，就是微臣也做不到萬無一失啊！」

（三）直來直往，不隱瞞病情

　　並不是每一個醫生都有直來直去、對患者直言不諱的勇氣。而醫生的診斷又是關乎患者生命的，是要委婉含蓄地告訴患者病情，還是如實相告呢？

　　在醫生社會地位低下的戰國時期，直言不諱，勢必會得罪患者，有時甚至會付出生命的代價。所以，很多醫生都會採取慎重的態度。與秦越人同期的宋國名醫文摯，在為齊王治病的時候，就是因為直來直往，結果惹得齊王火冒三丈，就把他丟進大鼎裡活活煮死了。醫生們聽到這一噩耗，無不膽顫心驚，如履薄冰。可是，秦越人常想：身為醫生，如果只會察言觀色，專撿患者愛聽的話說，把疾病包裝成健康，把毒瘤說成是寶珠，任由病情在體內肆意蔓延，那怎麼對得起自己的良心呢？

　　秦越人從不隱瞞患者的病情，哪怕明知自己處於險境，也要讓病人清楚地知曉自己的身體狀況，這是他一以貫之的行醫準則。秦越人在田齊桓公、秦武王面前所擺出的姿態，正是在扭轉醫患不對等的關係，他不怕得罪病人，只想告訴病人真實的病情。這一高尚醫德直到今天仍閃耀著熠熠光輝。秦越人一生挽救了無數深陷疾病之苦的病人，他既問診君侯，也惠澤百姓。在秦越人眼裡，只有病人，沒有王侯將相。

（四）臨終關懷

有人說，病人已經承受了巨大的心理壓力，身為醫生，眼裡不能只有病灶、病原體，更應該以慈悲為懷，對病人有同理心，注意他們的心理承受能力，對病人的人格和尊嚴給予真誠的關懷。其實，對病人的人文關懷和對病人坦誠相告，並不是矛盾的。從秦越人開始，中醫學就非常重視人文關懷。

比秦越人早幾十年的秦國良醫醫緩，幫晉景公診斷病情後，直言不諱地說道：「大王，您的病在膏的下邊、肓的上邊，針灸不到，灸也不能用，無論用什麼藥物都無力回天了。在下無能為力。」晉景公的大臣央求他說：「您可是赫赫有名的良醫啊！身為醫生，您怎麼能眼看著病人被疾病所折磨而棄之不管呢？懇請先生一定要救救大王啊！」無論晉景公的大臣怎麼央求他，醫緩都斷然拒絕再為晉景公治療。

這樣的事情同樣也發生在秦越人身上。他在幫田齊桓公治病的時候，幾次三番地勸他趁病灶還沒惡化前，及時治療，但是田齊桓公剛愎自用，不聽忠告。等到病入膏肓時，田齊桓公才意識到病情的嚴重性，派人來請秦越人。秦越人知道此時已經藥石無靈，他能做的就是不辭而別。田齊桓公為自己的諱疾忌醫付出了慘痛的代價。

秦越人放棄幫田齊桓公治療，並不違背他所恪守的行醫

準則。行醫之人的首要任務是幫助病人減輕痛苦，而不是增加他的身體和精神負擔。既然已經知道田齊桓公的病藥石無靈了，為什麼還要做那些無謂的救治呢？身為醫生，要做的不僅是洞察病情、開方抓藥，而是要根據病情的發展程度，對他的身體給予尊重和關懷。在病人的最後時刻，盡力保全他身體的尊嚴，這是一個醫生的悲憫之心。秦越人發揚光大了醫學的人文精神，漢代史學家司馬遷在《史記》中讚譽他為「方者宗」。

　　孔子是中國的至聖先師，開創了儒家學派，開壇授徒，有教無類，使學術和知識走下神壇；秦越人則是醫中聖人，他公開授徒，有「醫」無類，他親授的弟子有很多，如子陽、子豹、子容、子儀、子明、子由、子越和虢太子等。他們跟隨秦越人到列國行醫，把齊地的醫藥知識和文化傳統傳播至各地，形成了一個以扁鵲為核心的齊派醫學傳統。

扁鵲收徒

醫學界歷來把扁鵲尊為中國醫學的祖師。在先秦時期，他的醫學思想和醫療技術代表了中醫藥學的最高水準，影響了後世醫者。到兩漢時期，他是諸醫者心中的「孔夫子」，是醫界的開山之大宗。後世醫家但凡從業行醫，沒有不讀秦越人醫學著作的。西漢前期的司馬遷說秦越人「為方者宗」，西漢名醫淳于意和東漢名醫華佗，都是扁鵲學派的傳人。西漢後期的漢賦大家揚雄，曾發出「醫多盧」的感慨，是說當時醫者大多都說自己是盧醫秦越人的傳人。有的醫生甚至假托秦越人的盛名而自我標榜其醫術源流的正宗，有的醫者還把扁鵲學派流傳下來的著作假托成秦越人所作，不過這也可以看出秦越人在人們心中的地位。直到一千三百多年後的南宋，「唐宋八大家」之一的蘇轍也在一首詩裡感慨道：「世人但怪醫多盧。」

　　濟南是中華文明的重要發祥地之一，有悠久的歷史，創造了輝煌燦爛的文化，自然風物和人文景觀俱佳，是歷史文化名城。濟南不僅演繹著燦爛輝煌的人文藝術，也創造了彪炳千古的醫學文化，與「醫」、「藥」有著深厚的歷史淵源。

　　中國醫學從創始到今天的完備，經歷了漫長的過程。齊魯醫學是中國醫學的重要組成部分。秦越人是中國古代第一位載於正史的著名醫家。如今，秦越人的另一個名字「扁鵲」成為天下名醫的共同稱號。秦越人不僅是濟南文化的驕

傲，更為齊魯醫學和中國醫學的發展做出了傑出貢獻。

他在數十年的行醫過程中，既能學習民間祕方，又敢於打破當時「一技見稱」的舊傳統，綜合學到的祕方和經驗，不煩一病多方，將不少貧苦患者從病魔和死神手裡解救出來。

他公開而且明確地反對以巫術介入醫學研究和臨床治療中，是刺破巫術迷霧的第一人。

他發明了寸口切脈，簡化了脈診方法，總結出「望、聞、問、切」四診法，成為臨床中醫師診斷疾病時必須遵循的法則；他隨俗為變，開闢兒科、五官科和婦科等不同的醫療專科，推動了醫學的深化發展。

他掌握了豐富的醫藥知識，總結治病經驗，開始形成比較系統的醫學思想和理論。秦越人在中國醫學史上的地位，有如希臘希波克拉提斯（Hippocratic）被尊為西方醫學之祖一樣。不過，希波克拉提斯著作等身，而今天我們卻已見不到確實是由扁鵲執筆的醫學著作。事實上，秦越人一生著述頗為豐富，他和弟子在游醫過程中，就注意整理、總結前人經驗和自己的行醫心得。據記載，他的著作多達二十多種，如《扁鵲內經》九卷、《扁鵲外經》十二卷和《扁鵲鏡經》、《八十一難經》等。可惜的是，這些著作大部分已經佚失，只有《八十一難經》傳世，是我們了解中醫學源頭的重要著作。

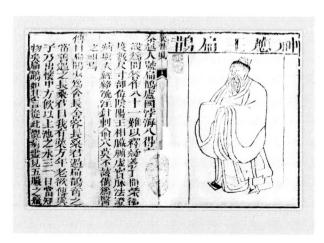

扁鵲《八十一難經》

秦越人將畢生所學盡授弟子，因材施教。見子儀對藥物感興趣，秦越人在日常授課和行醫的過程中，就著力增加他在藥物方面的見聞。子儀後來著有《子儀本草經》，開創了中醫本草學，秦越人有執教之功。秦越人提煉出來的「六不治」原則，對後世影響深遠。

秦越人行醫足跡遍布全中國，沿途百姓流傳著他起死回生、無所不能的神話傳說。傳說只是表達人們對秦越人發自內心的敬仰和愛戴的一種載體。其實，他本人是一位真正的科學家，以精湛的醫療技術和實事求是的精神，與巫術劃清界限，為中國醫學的發展開拓了正確而光明的道路。

電子書購買

國家圖書館出版品預行編目資料

澤世仁醫扁鵲：醫者之師 × 盧邑藥王 × 靈應
侯，鵲山煙雨醫道始傳人，遍尋群山藥草濟蒼
生 / 馬德青著 . — 第一版 . — 臺北市：崧燁文
化事業有限公司 , 2023.06
面；　公分
POD 版
ISBN 978-626-357-379-6(平裝)
1.CST: (戰國) 扁鵲 2.CST: 傳記
782.818　112006598

澤世仁醫扁鵲：醫者之師 × 盧邑藥王 × 靈應侯，鵲山煙雨醫道始傳人，遍尋群山藥草濟蒼生

臉書

作　　者：馬德青

發 行 人：黃振庭

出 版 者：崧燁文化事業有限公司

發 行 者：崧燁文化事業有限公司

E - m a i l：sonbookservice@gmail.com

粉 絲 頁：https://www.facebook.com/sonbookss/

網　　址：https://sonbook.net/

地　　址：台北市中正區重慶南路一段六十一號八樓 815 室

Rm. 815, 8F., No.61, Sec. 1, Chongqing S. Rd., Zhongzheng Dist., Taipei City 100,
Taiwan

電　　話：(02) 2370-3310　　傳　　真：(02) 2388-1990

印　　刷：京峯彩色印刷有限公司（京峰數位）

律師顧問：廣華律師事務所 張珮琦律師

―版權聲明―

定　　價：299 元

發行日期：2023 年 06 月第一版

◎本書以 POD 印製